从零开始做资金预算会计

运玉贞 / 编著

CONG LING KAISHI ZUO
ZIJIN YUSUAN KUAIJI

中国铁道出版社有限公司
CHINA RAILWAY PUBLISHING HOUSE CO., LTD.

内 容 简 介

企业发展的生命线在于企业的资金状况，在任何情况下，如果没有资金，企业是无法正常进行运转经营的。本书围绕企业在日常经营范围中资金收支的各个方面进行编写，突出强调了不同模式下企业最佳现金持有量的决策问题，系统地对于企业的资金预算制度的制订、执行以及后续考核提出了方案，对于财务部门涉及资金管理的从业者而言，实用性和针对性非常强。

书中采用相关法律法规、会计处理规定与实际案例相结合的方式，全面系统地为读者提供了涉及企业资金运营方方面面的知识，为读者熟悉与理解企业资金的日常管理及账务处理提供了切实的参考与指导，是资金管理工作从业者的一本必备案头书。

图书在版编目（CIP）数据

从零开始做资金预算会计/运玉贞编著. —北京：中国铁道出版社有限公司，2020. 10
ISBN 978-7-113-27078-0

Ⅰ. ①从… Ⅱ. ①运… Ⅲ. ①预算会计-基础知识
Ⅳ. ①F810. 6

中国版本图书馆 CIP 数据核字(2020)第 126263 号

书　　名：从零开始做资金预算会计
作　　者：运玉贞

责任编辑：王　佩　　**读者热线：**（010）63560056　　**邮箱：**505733396@qq.com
封面设计：刘　莎
责任校对：孙　玫
责任印制：赵星辰

出版发行：中国铁道出版社有限公司（100054，北京市西城区右安门西街 8 号）
印　　刷：北京铭成印刷有限公司
版　　次：2020 年 10 月第 1 版　2020 年 10 月第 1 次印刷
开　　本：700 mm × 1 000 mm　1/16　**印张：**12. 75　**字数：**203 千
书　　号：ISBN 978-7-113-27078-0
定　　价：55. 00 元

前言

当前，随着市场经济的迅速发展，企业经营管理体系的不断完善、建立健全，企业经济增长方式逐步呈现由粗放型转向集约型的发展趋势。因此，在目前的经济形势下，提高经济效益已经成为企业一项十分重要且迫切的任务，这对于广大企业而言也是一项非常重要的考核指标与企业经营诉求。在企业的日常财务活动中，资金管理是企业财务管理的核心。一方面，企业及时做好资金预算能提高规避财务风险的能力与信心，促进企业内部各部门间的合作与交流，减少相互间的冲突与矛盾，提供企业绩效评价标准，便于考核、强化内部控制；另一方面，也能够为企业的当前与未来发展做好及时的资金储备，保障企业的现金流安全，为企业的长远发展奠定良好的基础。资金是企业运营的核心，资金预算对企业的经营起着至关重要的作用。本书根据《中华人民共和国会计法》《企业会计准则》及其他相关法律法规的规定编著而成，力图使读者能够全面认识和掌握企业资金管理与运作的相关内容，在尽可能短的时间内轻松地学会资金预算的有关内容，熟练地掌握资金预算的具体操作方法。

书中内容具有以下几个方面的特点：一是内容全面、易学易懂。书中涵盖了资金预算管理的全部知识和技能，在介绍资金预算的内容之前先对资金预算管理进行整体概述，使读者了解资金预算的重要意义及其应重点关注的内容。为了方便读者的学习，书中将企业与资金相关的业务也进行了详尽的介绍，语言叙述简单易懂。二是结合案例、可参考性高。在介绍现金流量表编制及资金预算表编制的过程中采用整体的案例，按企业实际的经济业务流程进行编排，结构清晰、内容丰富，对企业资金预算的编制具有很大的参考意义；三是体系设计合理、突出岗位能力。

全书共分为九章：第一章为总论部分，阐述了资金预算的概念、重要性等；第二至四章对货币资金会计、应收预付款项会计、应付款项会计的处理方法和重点知识进行了详细的介绍，并且采用大量的会计案例；第五至六章分析了企业现金流量表的编制与如何掌握企业最佳现金持有量的四种模式，为企业全面了解掌握现金流提供了思路、方法；第七至九章为企业如何科学合理地编制资金预算以及在资金预算编制完成以后，如何有效地执行以及针对预算进行全面的分析与考核，保障企业资金安全。

本书适合企业负责人、广大证券投资爱好者、企业财会人员、注册会计师、财经专业学生阅读。

作者

2020 年 6 月

目录

第一章　资金预算概述

第一节　资金预算的相关概念

一、资金预算的定义

“凡事预则立，不预则废。”预算是企业在预测、决策的基础上，以数量和金额的形式反映企业未来一定时期内经营、投资、财务等活动的具体计划，是为实现企业目标而对各种资源和企业活动的详细安排。

表1－1具体列示了资金预算的定义、目标和特征。

表1－1　资金预算的定义、目标和特征

项目	内容
资金预算的定义	资金预算，或称资产负债预算。它是对企业的资产、负债、所有者权益及其相互关系进行预算，如企业的资产负债表、损益表等均为资金预算依据
资金预算的目标	合理地处理现金收支业务；科学地调度资金；了解企业在计划期末的现金余额；保证企业资金的正常流转
资金预算的特征	1. 编制预算的目的是促成企业以最经济有效的方式实现预定目标。因此，预算必须与企业的战略或目标保持一致。 2. 预算作为一种数量化的详细计划，它是对未来活动细致、周密的安排，是未来经营活动的依据，数量化和可执行性是预算最主要的特征。因此，预算是一种可据以执行和控制经济活动的、最为具体的计划，是对目标的具体化，是为企业活动设定目标的有力工具

二、资金预算管理的基本方针

如图1－1所示，资金预算管理是由资金预算编制、预算调整及执行跟踪管理、监督考核三部分组成。

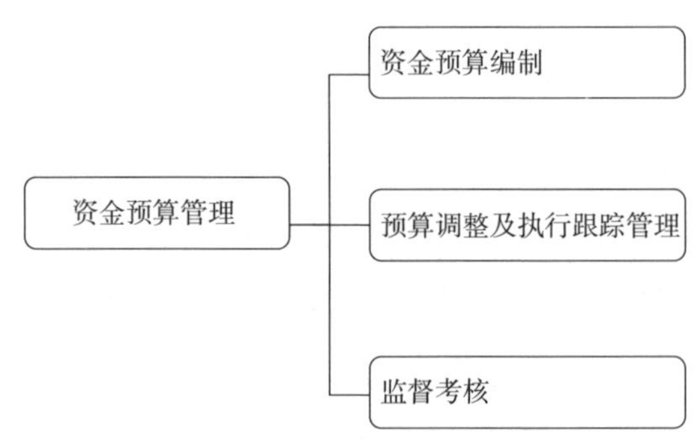

图1－1　资金预算管理的基本内容

（一）资金预算编制

资金预算分为年度预算及月度执行预算，编制采用“以收定支，与成本、费用匹配”的原则，遵守收付实现制并采用直接法编制，同时采用间接法编制以相互验证。以最优的资金成本制定资金使用方案，综合平衡和编制单位的资金总预算。年度预算侧重于全年资金的平衡与预算，月度执行预算主要用于月度的资金调度与控制。

（二）资金预算调整及执行跟踪管理

资金预算调整及执行跟踪管理，即在资金预算执行过程中，当遇到前提条件发生变化时，如业务量增加、业务划转以及出现新的业务时，需要对资金预算进行调整或追加。由预算责任部门提出申请，资金管理部门提出调整意见，实行逐项申报、审批制度。预算必须是最新调整过的，以统一口径，做到及时跟踪经营情况的变化。资金流量执行的跟踪管理是在月度执行预算交给资金管理部门后对各部门用款进行监控的重要步骤。

（三）资金预算管理的监督考核

对资金预算管理的监督考核是根据各部门现金流量使用的特点，以预算为基准建立指标考核体系，由资金管理部门根据各部门执行预算的实际情况，按月、季、半年及年度进行分析与考核，对预算编制部门考核预算的精确度，对执行部门考核完成情况。

三、资金预算管理的运行

为牢固树立资金预算管理意识，根据各部门年度资金预算，分别将现金流量预算细化到每季、每月、每旬、每周，使预算在不断的变化中与实际接近一致，提高预算的可信度和可操作性。要求各部门上报资金计划(按季、月、旬、周)，据此对各部门的日常现金流量进行统筹安排、动态控制，并对执行情况进行跟踪分析，及时反馈。

图1－2所示为资金预算管理运行的简易流程图。

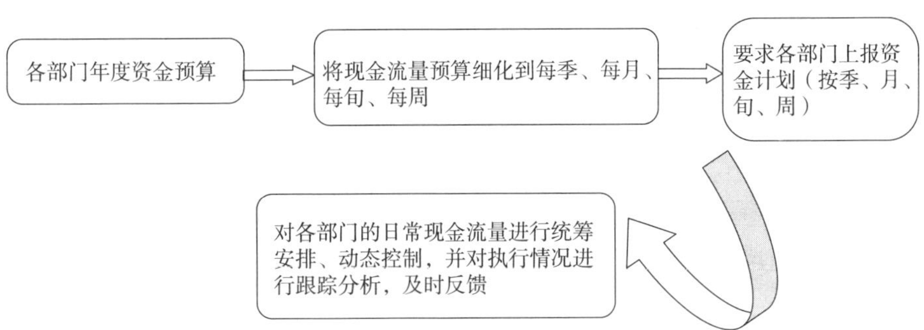

图1－2　资金预算管理运行的简易流程图

在目前的实际工作中，企业虽然对资金的重要性都认同，但普遍缺乏资金管理意识，缺少资金时间价值观念和现金流量观，缺乏详细的资金使用计划和财务分析方法，在资金的使用和分配上缺少科学性，资金使用随意性较大，不能对资金使用的事前、事中和事后进行控制，致使现金预算误差率较大。按照资金“年预算，月平衡，周调度，日安排”的要求，如何以全面预算管理为基础，采取行之有效的管理和控制措施，疏通资金流转环节，使财会人员从资金运用项目的单纯“把关”审定变为直接参与，变事后“监督”为立项决策，增强预见性，减少盲目性，加强资金的预算管理，提高企业经济效益是我们面临的重大挑战。

四、资金预算的作用

预算是对与企业存续相关的投资活动、经营活动和财务活动的未来情况进行预期并控制的管理行为及其控制安排，具有全面控制和约束力，它不仅是一种管理制度和控制方略，更是一种管理理念。资金预算是企业管理的核心内容之一，它是企业协调的工具、控制的标准、考核的依据，是推行企业内部管理规范化和科学化的基础，也是促进企业各级经营管理人员自我约束、自我发展的有效途径。

图 1－3 归纳了资金预算的四大作用。

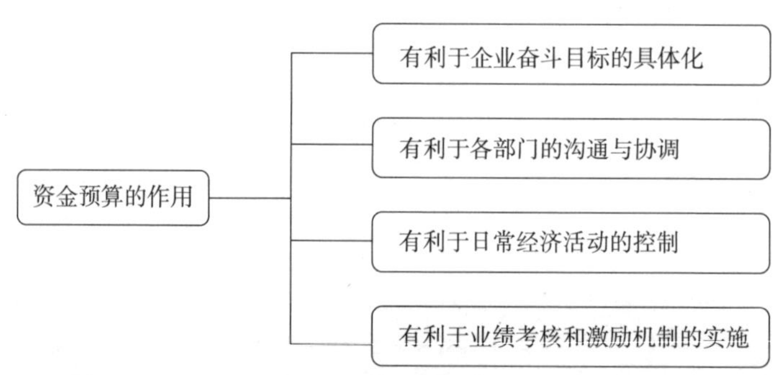

图 1－3　资金预算的作用

1. 有利于企业奋斗目标的具体化

资金预算的编制，是企业各职能部门围绕着业务量、营业收入、成本与耗费、经营成果等应达到的水平分别确定目标，并将制定目标所依据的主要设想和意图，达到目标所应采取的方法与措施、应对外部环境变化的对策详细地列出来，同时通过反复的预算平衡，制定出完整的预算书面方案。实施预算可以使企业的总体目标得以分解、落实，使其可以按照各自承担的预算任务、现金流量指标，合理安排部门的业务工作。经批准的预算方案，使企业各职能部门和下属单位都明确了自己应该达到的水平，并据此安排自己所负责范围的经济业务活动，从各方面确保完成企业总的战略目标，从而减少经营风险与财务风险。

2. 有利于各部门的沟通与协调

由于资金预算以利润最大化来谋求市场营销计划、生产计划、物料供应计划、资金计划和人员组合等诸多计划的最佳结合，所以，企业通过资金预算的编制，可以使各部门的计划得到最好的协调，使企业整个计划体系相互衔接、完整而切合实际。

3. 有利于日常经济活动的控制

在预算执行中，各级单位和各职能部门都必须通过计量、计算、对比和分析，寻找预算与实际执行中发生的差异，分析原因，并采取必要的措施纠正差异，使日常的经济活动有效地控制在预算范围之内。执行预算可对实际服务预算的差异进行分析纠止，保证预定目标的顺利实现。有了预算作为依据，支出审批时就能区分正常支出和例外支出，高层管理人员就能从大量的日常审批事务中解脱出来，重点处理例外事项，正常支出由财务部门监督，从而简化审批程序，缩短审批周期，以适应复杂多变的经营环境。

4. 有利于业绩考核和激励机制的实施

资金预算是对企业计划的数量化和货币化的表现，资金预算有利于控制各经营环节现金流量，编制预算使现金流量控制有客观可循的依据，为业绩评价提供了标准，便于对各部门实施量化的业绩考核和奖惩制度，也方便了对员工的激励与控制。

长期资金预算的编制，既是企业进行投资项目经济效益决策的依据，也是企业合理安排资金筹措，使资金在时间上和数量上满足投资的需要，保证项目顺利完成，尽早产生投资效益的依据。

五、资金预算管理体系及特点

资金预算管理的内容主要有资金预算编制、资金预算监督执行、事中控制与资金预算的调整、针对资金预算执行情况的分析和考核等，资金预算编制已成为资金预算管理的起点。企业资金预算管理体系的内容及特点如表 1 – 2 所示。

表1－2　企业资金预算管理体系的内容及特点

企业资金预算管理体系的内容	企业资金预算管理体系的特点
是指企业在科学经营预测和决策的基础上，根据企业的战略目标，以取得经营利润为奋斗目标，以现金或者现金等价物作为中心，依据收付实现制的核算原则，依据经营活动、投资活动与筹资活动，分别从现金流入与现金流出等不同方面，为实现将来一定时期内的企业经营目标需要投入的资源与产出的效果、预期财务经营状况、成果、现金流量等开展计划及规划运行，从而确保企业的经营目标得以实现的管理体制	1. 提出以现金流量作为基础，并将现金和现金等价物作为预算管理的中心环节，以提升现金在预算管理中的重要地位。 2. 将利润定位为主要目标，以现金流量为基础，在企业的采购、生产、销售等各个环节中，都紧紧围绕现金流入和现金流出，严格控制现金的日常收支，进而解决企业因为忽视现金流量而出现的资金周转不灵，难以偿还到期债务等财务危机，从而为企业的可持续发展提供有力保障。 3. 运用这一体系，能够使企业经营者从长远和全局的角度来规划企业今后的经营行为，防止由于受短期行为和局部利益的驱使而造成的企业预算管理未能达到预期效果情况的出现

六、资金预算管理的问题分析

对以往的资金预算管理工作进行分析，不难发现，应重点解决以下问题：第一，核实资金需要量，降低资金占有率；第二，为资金筹措的数量和动态控制提供依据；第三，加强资金管理的责任制。本着对这二个问题的考虑，笔者认为应将核定资金需要量和现金预算有机结合起来。为此，应正确认识核定资金需要量和现金预算的不同功能，并创造条件实现二者的结合。

（一）核定资金需要量和现金预算的比较与分析

1. 预算的基本作用不同

我国在长期的企业管理实践中实行的核定资金需要量（过去称为“核定流动资金定额”）是通过测算企业流动资金占用总额来计算企业某一项流动资金定额的，企业为了强化自身的资金预算管理必须主动积极地实施资金需要量的核定。在资金的预算管理问题上，对传统核定资金需要量方法应该继续加以巩固、提高。

现金预算的作用表现在：首先，可以揭示出现金过剩或现金短缺的时期，使财务管理部门能够将暂时过剩的现金转入投资或在显露短缺时期到来之前安排筹资。其次，可以预测未来时期企业对到期债务的直接偿付能力。再次，可以区分可延期支出和不可延期支出。最后，可以对其他财务计划提出建议。通过编制现金预算可以有效地预计未来的现金流量，从容地筹集资金，是现金收支动态管理的一种有效方法。

2. 预算的直接目的不同

核定资金需要量是指确定为完成计划期的生产经营任务所必需的资金需要量，它包括目前已经有的占用量和需要增加或减少的占用量的确定，其直接目的是揭示目前占用量与必要占用量之间的差异，为筹集资金提供依据。而现金预算是指确定计划期生产经营任务所带来的现金收入量和现金支出量，其目的在更大程度上表现为平衡各期现金收支，量力而行。

3. 资金的时间不同

现金预算是强化现金收支管理一个十分强烈的动态管理概念，是一个“发生额”概念，任何实际的现金收支脱离预算在时间上的差异都会给现金管理带来极大的困难。而资金需要量的核定则基本上是确定一个静态指标，是一个“余额”概念，它通过年初的核定工作，要求各单位在年度内各期基本上保持这一占用量。

4. 预算编制期间不同

核定资金需要量一般是以一个年度为周期；而现金预算则是以一个年度为总的预算期，以一个月度为基本预算期，进行统筹安排、合理分解。

（二）核定资金需要量与现金预算的有机结合

要实现二者的有机结合，必须以每年年初的资金需要量核定为基本步骤，确定年度内企业和企业内部各单位合理的资金占用量及年度内的资金紧缺量，以此资金余缺量作为年度内筹集资金的基本依据。然后，根据年度内各期的现金收支情况确定各期的现金预算。

将核定资金需要量和现金预算有机结合起来的资金预算管理方法有两个优点：一是各期现金预算的编制不仅考虑了各期的现金收支情况，而且考虑了资金占用标准，加强了对现金的收支管理和资金占用量的有效控制，这是资金管理中必须同时并重的两点基本要求。二是各期现金预算和资金需要量的核定能够相互促进，相互协调，相互调整，即各期现金收支必须符合资金占用标准，若不符合，应调整各期收账政策以及成本费用支出预算；资金占用量必须适应于各期现金预算，若不适应，应修订资金占用量标准。

第二节　资金预算在企业财务管理中的地位

资金预算在企业财务管理中有着非常重要的地位，图 1－4 列出了资金预算在财务管理中的三大作用。

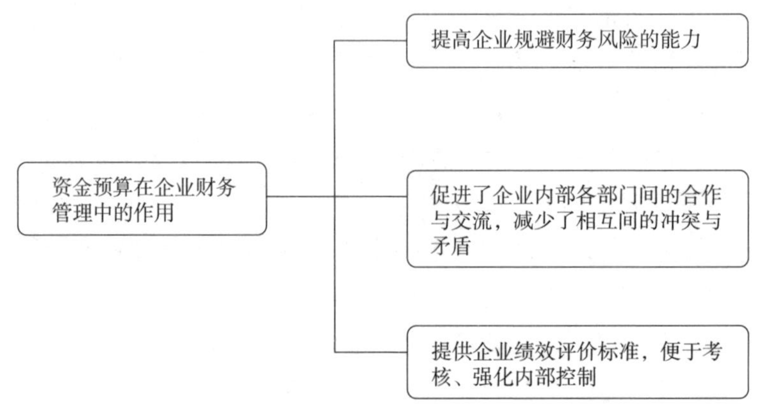

图 1－4　资金预算在企业财务管理中的作用

一、提高企业规避财务风险的能力

企业经常需要有足够的现金来支付职工工资，偿付应付账款与票据以及其他到期债务，不能及时偿付债务，称为“无偿债能力”。无偿债能力的企业，可能被迫宣告破产。即使经营管理得很好的企业，在市场银根紧缩、自身搞基本建设、扩大销售活动或生产规模的时期，有时也会感到头寸短绌。因此，企业经营者必须小心翼翼地规划现金流量，使手头现金随时够用。

凯恩斯的货币需求理论指出，企业持有现金的动机主要有以下三个：

第一，交易动机。这是营业性和资本性的目的所产生的一种日常业务需要。

第二，预防动机。这是为了应付意外事件而做的现金准备。

第三，投机动机。其真正含义是企业应持有足够的现金以抓住随时可能出现的盈利机会。

作为生产经营单位，企业应确定最合理的现金持有量，即现金存量花费的代价最低，又能确保现金需求的持有量水平。如果现金持有量太大，会降低企业收益水平；如果现金持有量太小，又可能影响交易的正常进行以及意外的现金需要，产生中断交易的风险。这就要求财务人员下一番工夫，测定出本企业最合理的现金持有量。最合理的现金持有量能使企业的现金机会成本、管理成本和短缺成本三者的综合成本最低。其中，机会成本是指企业为了维持一定的现金存量而放弃了一些投资获利的机会；管理成本是指企业对置存的现金资产进行管理而需要支付的代价；短缺成本是指企业由于缺乏必要的现金资产，不能应付必要的业务开支，而使企业蒙受各种损失。企业可根据三种成本与现金持有量的关系，利用“现金持有量成本分析图”法找出三者综合成本最低点。企业在这个成本最低点时的现金持有量，即为企业最合理的现金持有量。资金预算通过对现金持有量的安排，可以使企业保持较高的盈利水平，同时保持一定的流动性，并根据企业对资金的运用水平决定负债的种类结构和期限结构，使企业在债务到期时不至于很被动。

在市场经济条件下，企业面临各种各样的风险，而其中对企业影响最大的则属财务风险。财务风险最主要的表现形式就是支付风险，这种风险是由企业未来现金流量的不确定性与债务到期日之间的矛盾引起的。许多企业正是因为没有处理好二者之间的关系，进而影响自身的正常生产经营活动，甚至于破产。

资金预算可以预测未来时期企业对到期债务的直接偿付能力，可以直接地揭示出企业现金短缺的时期，使财务管理部门能够在显露短缺时期来临之前安排筹资，从而避免在债务到期时，因无法偿还而影响企业的信誉，为企业以后融资增加阻力；或企业被迫“拆东墙补西墙”，在高利率条件下举借新的债务。这些都在一定程度上增加了企业的财务风险。

二、促进了企业内部各部门间的合作与交流，减少了相互间的冲突与矛盾

资金预算是以销售预算、生产预算、直接材料预算等各项经营预算为基础的，需要他们提供的数据，而销售预算是各项预算的基础。这就需要企业加强内部各部门之间的沟通交流，相互之间提出改进建议，明确各部门的责任，便于他们之间的协调，避免由于责任不清楚造成相互推诿的事

件发生，调动企业各部门的积极性，为企业做好资金预算奠定基础。

三、提供企业绩效评价标准，便于考核、强化内部控制

现代市场是一个极其复杂的大系统，单个企业在这个大系统中仅仅是一个分子，企业要在复杂多变、竞争激烈的环境中求得生存和发展，必须强化和依赖于有效的经营管理。财务管理是企业经营管理的重要方面，处于整个管理的核心地位，而资金预算则是财务管理的重中之重。美国前证券管理委员会主席哈罗德·威廉斯曾说过："如果让我在利润信息和现金流量信息之间做一个选择，那么，我选择现金流量。"特别在企业发展日趋成熟、企业组织规模增大、结构日趋复杂的大型企业管理中，由于现金流量与企业的生存、发展和壮大息息相关，所以企业越来越关注现金流量信息。实践证明，企业对现金流量的管理与控制已成为财务管理的关键。

资金预算是指用于预测组织还有多少库存现金，以及在不同时点上对现金支出的需要量。不管是否可以称为预算，也许这是企业最重要的一项控制，因为把可用的现金去偿付到期的债务乃是企业生存的首要条件。一旦出现库存、机器以及其他非现金资产的积压，那么，即便有了可观的利润也并不能给企业带来什么好处。资金预算还表明可用的超额现金量，能为盈余制定盈利性投资计划、为优化配置组织的现金资源提供帮助。

第三节 资金预算会计岗位职责和内部控制

一、资金预算会计的岗位职责

（1）恪守会计从业人员职业道德。宣传、贯彻执行《中华人民共和国会计法》，遵守财经法纪，确保会计信息资料真实、完整、准确。

（2）负责日常资金划拨。科学设置会计账簿，依法进行会计核算。预算内外资金拨款，根据单位相关规定严格按业务流程进行，做到手续完备。

（3）负责账户管理。严格按区财政局审批开设银行账户，不得违规开设。

（4）负责资金安全管理。在单位存款余额内，按照银行结算办法的规定，审核办理统管单位的资金转账、汇兑、支取现金等资金结算业务，保

证统管单位存款的安全。合理确定统管单位备用金限额，并以书面形式告知统管单位。对每一笔拨款通知单进行合规性审核后方可开具拨款单。款项拨付后当日内，要实行款项直达、执行结果的信息反馈。

（5）负责定期对账。负责核算各单位的存款增减变动情况，如有未达账项须编制银行存款余额调节表，管理好统管单位的各类货币资金。每日终了及时与总预算会计、统管会计办理有关资金收付凭证的移交手续，并与总预算会计、统管会计、各单位出纳核对银行存款及账目。分开户行、统管单位核算银行存款并与开户银行对账，做到账账、账证、账表、账实相符。

（6）负责资金会计资料的收集。按照档案管理要求整理好所经手的会计档案，在规定时间内将档案移交到综合档案室，确保资料齐全。

（7）切实增强安全防范意识，严格实行印鉴分管，且不得经手现金收付业务，保证资金安全。

（8）负责指导、协助生产部和销售部制定资金预算，经审批通过后下达实施。

（9）实时检查、跟踪资金预算执行情况。

（10）负责编制公司的资金预算执行报告，对预算执行情况进行分析。

二、关于现金预算岗位的控制

1. 不相容职务相分离

企业资金的安全十分重要，所以企业在建立一健全会计内部控制制度时，首先要针对资金业务建立岗位责任制，并将不相容的职务进行分离，具备良好的“内部牵制”作用。具体不相容职务的分离如下：

出纳员不能兼任稽核员；会计档案保管人员不能负责收入、支出以及往来账务的录入工作；清查人员不能负责保管工作；支付的审批与执行也要分离。

2. 授权审批制度的控制

企业应当制定审批人对企业货币资金业务往来的审批授权方式、程序、权限和相关的控制措施，所有审批人员不得超越其应有的权限范围；明确经办人员在办理货币业务时的工作要求和权限范围；在办理货币业务时，要严格按照申请、审批、复核、支付的程序，及时准确地入账。

3. 对支付业务的控制

（1）支付申请。在企业部门或者个人需要用款时，应当向审批人提出申请，注明所需金额、用途和支付方式等相关内容，并且要附有原始单据或者相关证明。

（2）支付审批。审批人根据规定中其职责和授权权限以及相应的程序对支付申请进行审批。对于不符合规定的申请应当坚决拒绝，对于金额重大或者有重要意义的申请，应当集体决策或者联合签署。

（3）支付复核。根据规定，财务部门应当指定专人对于已经批准的申请进行复核，复核的内容包括权限、范围、审核的程序和手续，以及相关票据，金额的准确性以及资金使用方式的合法性等。在复核准确无误后，交给出纳办理支付。

（4）办理支付。由出纳员根据复核无误的申请办理相应的支付手续，同时登记现金日记账或者银行存款日记账。

4. 现金和银行存款的控制

（1）对现金限额的管理。企业需要明确现金的使用范围，严格按照国家现金管理制度和结算制度的规定进行现金的使用与保管。企业应将超过库存限额部分的现金及时存入银行，不属于现金结算范围内的支付业务一律通过银行存款进行交易。

（2）对银行账户的管理。企业账户的开立应严格按照国家规定，并于每个月指定出纳以外的人员对银行存款的账户进行核对，并且编制银行存款余额调节表，确定实际余额与银行对账单是否相符。若企业使用网上银行等电子支付手段，更要加强监督检查，执行网上支付操作人员的不相容职务分离，防范货币支付的风险。

5. 账实核对、清查盘点和限制接近制度的控制

企业应当定期和不定期地对货币资金进行盘点，进行账实核对。若账实不一致，应及时查找原因并查清责任，及时解决资金管理中出现的问题。同时应当严禁未经授权的人员直接接触货币资金。

6. 对票据及印章的控制

企业应当明确各种票据的购买、保管、领用、注销等职责权限，加强对票据各个环节的管理，以及登记备查的管理。企业应严格履行经济业务的盖章或者签字手续，应该由专人保管财务章，且不同的印章由不同的人分别进行管理。为了防止空白票据的被盗或者丢失，应当做专门登记。

第二章 货币资金的会计核算

货币资金是指企业生产经营过程中处于货币形态的资产，包括库存现金、银行存款和其他货币资金。在新《企业会计准则》中，为了和国际接轨，将原来的“现金”科目改为“库存现金”，因为在国际财务管理中，现金一词的意义更为广泛，既包括库存现金，也包括各种可以进行即时支付的支付手段，如活期银行存款等。资金预算的目标是合理地处理现金收支业务；科学地调度资金；了解企业在计划期末的现金余额；保证企业资金的正常流转。为了顺利地进行资金预算，了解货币资金会计核算是必要的，本章主要介绍货币资金会计核算的相关内容。

第一节 库存现金

库存现金是指通常存放于企业财会部门，由出纳人员经管的货币。库存现金是企业流动性最强的资产，企业应当严格遵守国家有关现金管理制度，正确进行现金收支的核算，监督现金使用的合法性与合理性。

一、我国现行的现金管理制度

现金管理制度的主要内容如图 2－1 所示。

（一）现金的支付范围

根据国务院发布的《现金管理暂行条例》的规定，企业可用现金支付款项的范围有：

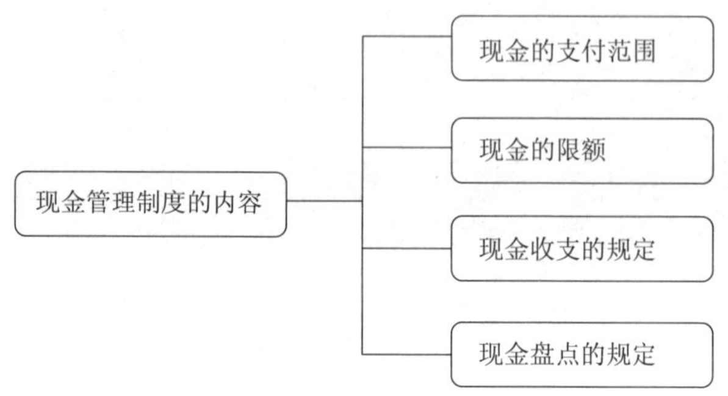

图2-1 现金管理制度的主要内容

（1）职工工资、津贴；

（2）个人劳务报酬；

（3）根据国家规定颁发给个人的科学技术、文化艺术、体育等各种奖金；

（4）各种劳保、福利费用以及国家规定的对个人的其他支出；

（5）向个人收购农副产品和其他物资的价款；

（6）出差人员必须随身携带的差旅费；

（7）结算起点以下的零星支出；

（8）中国人民银行确定需要支付现金的其他支出。

除上述情况可以用现金支付外，其他款项的支付应通过银行转账结算。

（二）现金的限额

现金的限额是指为了保证企业日常零星开支的需要，允许单位留存现金的最高数额。这一限额由开户银行根据单位的实际需要核定，一般按照单位3~5天日常零星开支的需要确定，边远地区和交通不便地区开户单位的库存现金限额，可按多于5天但不得超过15天的日常零星开支的需要确定。核定后的现金限额，开户单位必须严格遵守，超过部分应于当日终了前存入银行。需要增加或减少现金限额的单位，应向开户银行提出申请，由开户银行核定。

（三）现金收支的规定

开户单位收入现金应于当日送存开户银行，当日送存确有困难的，由开户银行确定送存时间；开户单位支付现金，可以从本单位库存现金限额中支付或从开户银行提取，不得从本单位的现金收入中直接支付，即不得“坐支”现金。因特殊情况需要“坐支”现金的单位，应事先报经开户银行审查批准，并在核定的范围和限额内进行，同时，收支的现金必须入账。开户单位从开户银行提取现金时，应如实写明提取现金的用途，由本单位财会部门负责人签字盖章，并经开户银行审查批准后予以支付。因采购地点不固定、交通不便、抢险救灾及其他特殊情况必须使用现金的单位，应向开户银行提出书面申请，由本单位财会部门负责人签字盖章，并经开户银行审查批准后予以支付。此外，不准用不符合国家统一的会计制度的凭证顶替库存现金，即不得“白条顶库”；不准编造用途套取现金；不准用银行账户代其他单位和个人存入或支取现金；不准用单位的现金收入以个人名义存入银行；不准保留账外公款，即不得“公款私存”，不得设置“小金库”等。银行对于违反上述规定的单位，将按照违规金额的一定比例予以处罚。

（四）现金盘点的规定

为了及时发现现金收付差错，如实反映现金库存余额，防止贪污挪用等行为的发生，企业建立健全库存现金的定期盘点和不定期盘点相结合的制度对库存现金的管理具有重要的意义。

清查的方法主要是实地盘点，查明库存现金的账款是否相符，有无违反现金管理制度或其他违法乱纪行为。清查包括出纳人员自查和清查小组监盘两种清查形式。出纳人员应当每日清点现金，发现现金短缺或多余，及时找出原因，加以处理。

由清查小组进行的监盘，应在清查小组人员在现场的情况下，由出纳人员清点现金，核对账款。清查中发现用借条、白条等不符合会计制度的凭证顶替现金时，应按规定处理纠正。清查后，根据清查结果填写现金盘点报告单，写明现金实存、账存及盈亏情况，并据以编制会计分录。

二、现金的会计核算

（一）账户与科目的设置

企业应当设置现金总账和现金日记账，分别进行企业库存现金的总分类核算和明细分类核算。

为了总括地反映企业库存现金的收入、支出和结存情况，企业应当设置“库存现金”科目，借方登记现金的增加，贷方登记现金的减少，期末余额在借方，反映企业实际持有的库存现金的金额。企业内部各部门周转使用的备用金，可以单独设置“备用金”科目进行核算。

现金日记账由出纳人员根据收付款凭证，按照业务发生顺序逐笔登记。每日终了，应当在现金日记账上计算出当日的现金收入合计额、现金支出合计额和结余额，并将现金日记账的账面结余额与实际库存现金额相核对，保证账款相符；月度终了，现金日记账的余额应当与现金总账的余额核对，做到账账相符。

（二）库存现金业务的核算

1. 库存现金收支业务的核算

（1）当库存现金增加时：

借：库存现金

贷：相关科目

（2）当库存现金减少时：

借：相关科目

贷：库存现金

2. 库存现金清查业务的核算

如果账款不符，发现的有待查明原因的现金短缺或溢余，应先通过“待处理财产损溢”科目核算。按管理权限报经批准后，分别按以下情况处理：

（1）如为现金短缺，属于应由责任人赔偿或保险公司赔偿的部分，计入其他应收款；属于无法查明的其他原因，计入管理费用。

（2）如为现金溢余，属于应支付给有关人员或单位的，计入其他应付款；属于无法查明原因的，计入营业外收入。

【例2－1】 某公司在盘点现金时发现长款10元，经核查未能发现其实际原因，经财务主管同意，作为营业外收入处理。应编制如下会计分录，反映清查结果。

发现现金长款时：

	借方	贷方
借：库存现金	10	
贷：待处理财产损溢		10

查明原因后，处理长款结果：

	借方	贷方
借：待处理财产损溢	10	
贷：营业外收入		10

（三）备用金的会计核算

为了业务办理的方便，除财务部门保存一定的现金之外，其他部门的一些业务人员也需要持有一定量的现金，这就是备用金。

备用金是指企业预付给职工和内部有关单位用作差旅费、零星采购和日常零星开支事后需要报销的款项。为了防止浪费和挪用公款，必须建立备用金的预借、使用和报销制度，并严格加以执行。如果企业备用金业务很少，也可不设立“备用金”科目，通过“其他应收款——备用金”科目进行核算，账务处理方法与上面一致。

1. 备用金的形式

备用金按备用形式，可分为定额备用金和非定额备用金两种。定额备用金是为了满足企业有关部门日常零星开支需要的备用金，一经核定不得随意增减。领用定额备用金的部门，应设置“备用金登记簿”，逐笔序时登记备用金额提取和支出情况，并按时将款项支出的单据送交财会部门报销后，财会部门再给予补足定额。其特点是：一次领用，定期报销，简化核算，补足定额。

非定额备用金管理是指用款单位根据实际需要向财会部门借款，凭各种支付凭证向财会部门报销时，作为冲减备用金处理，如需再用，重新办理借款手续。这种方法适用于预借差旅费等备用金的管理。

2. 备用金的账务处理

（1）拨付备用金的核算。

单独设置“备用金”科目的企业，由企业财务部门单独拨给企业内部各单位周转使用的备用金，会计分录如下：

借：备用金

　　贷：库存现金或银行存款科目

（2）支付备用金的核算。

自备用金中支付零星支出，应根据有关的支出凭单，定期编制备用金报销清单，财务部门根据内部各单位提供的备用金报销清单，定期补足备用金，会计分录如下：

借：管理费用等科目

　　贷：备用金或银行存款

除了增加或减少拨入的备用金外，使用或报销有关备用金支出时不再通过“备用金”科目核算。

【例2－2】 某公司职工张强出差采购物品，预支备用金600元，出差返回报销差旅费580元，并交回多余现金20元。

(1) 领出备用金时，根据付款凭证，做会计分录如下：

借：其他应收款——备用金（张强） 600

　　贷：库存现金 600

(2) 报销差旅费时，根据差旅费报销单，做会计分录如下：

借：管理费用 580

　　库存现金 20

　　贷：其他应收款——备用金 600

第二节　银行存款

银行存款是指企业存入银行或其他金融机构的各种款项。企业应当根据业务需要，按照规定在其所在地银行开设账户，运用所开设的账户，进行存款、取款以及各种收支转账业务的结算。银行存款的收付应严格执行银行结算制度的规定。

一、银行存款账户的开立

我国银行存款包括人民币存款和外币存款两种。银行存款账户分为基本存款账户、一般存款账户、临时存款账户和专用账户。表2－1详细介绍了各类银行存款账户的类别及定义。

表2－1　银行存款账户的类别及定义

账户类别	定义
基本存款账户	是企业办理日常转账结算和现金收付的账户，工资、奖金等现金的支取只能通过本账户办理
一般存款账户	是企业因借款或其他结算需要在基本存款账户开户银行以外的银行营业机构开立的银行结算账户，企业可以通过本账户办理转账结算和现金交存，但不能办理现金的支取

续上表

账户类别	定义
临时存款账户	是企业因临时需要并在规定期限内使用而开立的账户，本账户可以办理转账和根据国家现金管理的规定办理现金收付
专用账户	是企业对其特定用途资金进行专项管理和使用而开立的账户

企业可以自主选择银行，银行也可以自愿选择存款人。但一个企业只能选择一家银行的一个营业机构开立一个基本存款账户，不得在多家银行机构同时开立基本存款账户，不得在同一家银行的几个分支机构同时开立一般存款账户。

二、银行存款账户的设置

为了总括反映银行存款的收支和结存情况，企业应设置“银行存款”总账科目。该科目属于资产类科目，借方登记银行存款的增加数，贷方登记银行存款的减少数，借方余额表示企业银行存款的结余数额。有外币业务的企业，应在本科目下分别按人民币和各种外币设置“银行存款日记账”进行明细核算。

企业应当设置银行存款总账和银行存款日记账，分别进行银行存款的总分类核算和明细分类核算。企业可按开户银行和其他金融机构、存款种类等设置“银行存款日记账”的明细账户，根据收付款凭证，按照业务的发生顺序逐笔登记。每日终了，应结出余额。

银行存款的收付由出纳人员办理，由专人保管空白支票和签发支票。银行存款总账由会计登记掌管，银行存款日记账由出纳逐笔登记，并经常与银行提供的对账单进行核对，以便进行内部控制。“银行存款日记账”应定期与“银行对账单”核对，至少每月核对一次。企业银行存款账面余额与银行对账单余额之间如有差额，应编制“银行存款余额调节表”调节相符，如没有记账错误，调节后的双方余额应相等。银行存款余额调节表只是为了核对账目，并不能作为调整银行存款账面余额的记账依据。

三、银行存款收付的核算

单位与银行之间经常发生现金的存入、提取和办理转账结算等收支业务，为了反映和监督银行存款的收付动态，应办理银行存款收付的核算。

企业在不同的结算方式下，根据有关的原始凭证编制银行存款的收付款凭证，记入企业的“银行存款”科目。企业将款项存入银行或其他金融机构时，借记“银行存款”科目，贷记“库存现金”或有关科目；提取或支付在银行或其他金融机构中的存款时，借记“库存现金”或有关科目，贷记“银行存款”科目。

四、银行存款的对账

为了保证银行存款安全以及核算正确，企业应按期对账。银行存款的对账包括三个方面：一是银行存款日记账与银行存款收、付款凭证相互核对，做到账证相符；二是银行存款日记账与银行存款总账相互核对，做到账账相符；三是在账账相符的基础上，银行存款日记账与银行对账单相互核对，做到账单相符。

一般来说，即使截止日期一致，银行存款日记账余额与银行对账单余额是不相等的，除记账错误外，未达账项的影响是主要原因。所谓未达账项，是指银行与企业之间，由于凭证传递上的时间差，一方已登记入账，而另一方尚未入账的收支项目。

银行存款的未达账项具体有以下四种情况：

（1）银行已入账但企业未入账的收入；

（2）银行已入账但企业未入账的支出；

（3）企业已入账但银行未入账的收入；

（4）企业已入账但银行未入账的支出。

对于未达账项，应编制“银行存款余额调节表”进行调节。调节后，若无记账差错，双方调整后的银行存款余额应该相等；调节后，双方余额如果仍不相符，说明记账有差错，需进一步查对，更正错误记录。调节公式如下：

银行存款日记账余额＋银行已收单位未收款项－银行已付单位未付款项＝银行对账单余额＋单位已收银行未收款项－单位已付银行未付款项

调节后的银行存款余额，反映了企业可以动用的银行存款实有数额。需要注意的是，银行存款余额调节表是用来核对企业和银行的记账有无错误，不能作为记账的依据。对于未达账项，无须进行账面调整，待结算凭证收到后再进行账务处理。

【例2-3】 2×19年3月30日某单位的银行存款日记账账面余额是76 205元，银行对账单的余额是76 560元。经逐项检查，发现下列未达款项。

第一，单位已收，银行未收款项2 795元；

第二，单位已付，银行未付款项9 250元；

第三，银行已收，单位未收款项3 500元；

第四，银行已付，单位未付款项9 600元。

根据上述资料，编制银行存款余额调节表，如表2-2所示。

表2-2　银行存款余额调节表

银行对账单余额	76 560	单位银行账余额	76 205
加：单位已收银行未收		加：银行已收单位未收	
	2 795		3 500
减：单位已付银行未付		减：银行已付单位未付	
	9 250		9 600
调整后存款余额	70 105	调整后存款余额	70 105

经过调节，双方存款余额均为70 105元，证明双方没有账上差错。如果调节后余额仍不等，则记账有差错，应进一步检查。属于单位方面的记账差错应立即更正，属于银行方面的记账差错要通知银行及时更正。

第三节　其他货币资金

其他货币资金是指企业除库存现金、银行存款以外的各种货币资金，主要包括银行汇票存款、银行本票存款、信用卡存款、信用证保证金存款、存出投资款、外埠存款等。

一、科目与账户的设立

企业通过设立“其他货币资金”科目对企业的银行汇票存款、银行本票存款、信用卡存款、信用证保证金存款、存出投资款、外埠存款等其他货币资金进行核算，该科目可按银行汇票或本票、信用证的收款单位，外埠存款的开户银行，分别按“银行汇票”“银行本票”“信用卡”“信用证保证金”“存出投资款”“外埠存款”等进行明细核算。企业增加其他货币资金，借记“其他货币资金”科目，贷记“银行存款”科目；减少其他货币资金，借记有关科目，贷记“其他货币资金”科目。该科目期末借方余额，反映企业持有的其他货币资金。

二、其他货币资金的会计核算

如表2－3所示为“其他货币资金”科目下的账户类别及定义。

表2－3 “其他货币资金”科目下的账户类别及定义

账户类别	定义
银行汇票存款	银行汇票是指由出票银行签发的，由其在见票时按照实际结算金额无条件支付给收款人或者持票人的票据
银行本票存款	银行本票是指银行签发的，承诺自己在见票时无条件支付确定的金额给收款人或持票人的票据
信用卡存款	是指企业为取得信用卡而存入银行信用卡专户的款项
信用证保证金存款	是指采用信用证结算方式的企业为开具信用证而存入银行信用证保证金专户的款项
存出投资款	是指企业已存入证券公司但尚未进行投资的资金
外埠存款	是指企业为了到外地进行临时或零星采购，而汇往采购地银行开立采购专户的款项

（一）银行汇票存款

银行汇票是指由出票银行签发的，由其在见票时按照实际结算金额无条件支付给收款人或者持票人的票据。银行汇票的出票银行为银行汇票的付款人。单位和个人各种款项的结算，均可使用银行汇票。银行汇票可以用于转账，填明“库存现金”字样的银行汇票也可以用于支取现金。

企业在填送“银行汇票申请书”并将款项交存银行，取得银行汇票后，根据银行签章退回的申请书存根联编制付款凭证，借记“其他货币资金——银行汇票”科目，贷记“银行存款”科目；企业使用银行汇票后，根据发票账单等有关凭证编制转账凭证，借记“物资采购”或“原材料”“库存商品”“应交税费——应交增值税（进项税额）”等科目，贷记“其他货币资金——银行汇票”科目；如有多余款或因汇票超过付款期限等原因而退回款项，企业应根据银行转来的银行汇票第四联（多余款收账通知），借记“银行存款”科目，贷记“其他货币资金——银行汇票”科目。

（二）银行本票存款

银行本票是指银行签发的，承诺自己在见票时无条件支付确定的金额给收款人或持票人的票据。单位和个人在同一票据交换区域需要支付的各种款项，均可使用银行本票。银行本票可以用于转账，注明“现金”字样的银行本票可以用于支取现金。

企业向银行提交“银行本票申请书”并将款项交给银行，取得银行签发的银行本票后，应根据银行签章退回的“银行本票申请书”存根联编制付款凭证，借记“其他货币资金——银行本票”科目，贷记“银行存款”科目；企业使用银行本票后，应根据发票账单等有关单据编制转账凭证，借记“物资采购”或“原材料”“库存商品”“应交税费——应交增值税（进项税额）”等科目，贷记“其他货币资金——银行本票”科目。若本票因超过付款期等原因要求退款时，应填写进账单一式两联，连同本票一并送交银行，根据银行盖章退回的进账单第一联编制收款凭证，借记“银行存款”科目，贷记“其他货币资金——银行本票”科目。

（三）信用卡存款

信用卡存款是指企业为取得信用卡而存入银行信用卡专户的款项。信用卡是银行卡的一种，信用卡按使用对象分为单位卡和个人卡；按信用等级分为金卡和普通卡；按是否向发卡银行交存备用金分为贷记卡和准贷记卡。

企业应按规定填制申请表，连同支票和有关资料一并送交发卡银行，根据银行盖章退回的进账单第一联，借记“其他货币资金——信用卡”科目，贷记“银行存款”科目；企业用信用卡购物或支付有关费用，借记有关科目，贷记“其他货币资金——信用卡”科目；在使用过程中，企业需要向其账户续存资金的，借记“其他货币资金——信用卡”科目，贷记

“银行存款”科目。

（四）信用证保证金存款

信用证保证金存款是指采用信用证结算方式的企业为开具信用证而存入银行信用证保证金专户的款项。企业向银行申请开立信用证，应按规定向银行提交开证申请书、信用证申请人承诺书和购销合同。

企业向银行交纳保证金，根据银行退回的进账单第一联编制付款凭证，借记“其他货币资金——信用证保证金”科目，贷记“银行存款”科目；根据开证行交来的信用证通知书及有关单据标明的金额，借记“物资采购”或“原材料”“库存商品”“应交税费——应交增值税（进项税额）”等科目，贷记“其他货币资金——信用证保证金”科目；企业未用完的信用证保证金余额转回开户银行时，根据收款通知编制收款凭证，借记“银行存款”科目，贷记“其他货币资金——信用证存款”科目。

（五）存出投资款

存出投资款是指企业已存入证券公司但尚未进行投资的资金。企业向证券公司划出资金时，应按实际划出的金额，借记“其他货币资金——存出投资款”科目，贷记“银行存款”科目；购买股票、债券等时，借记“交易性金融资产”等科目，贷记“其他货币资金——存出投资款”科目。

（六）外埠存款

外埠存款是指企业为了到外地进行临时或零星采购，而汇往采购地银行开立采购专户的款项。该账户的存款不计利息、只付不收、付完清户，除了采购人员可从中提取少量现金外，一律采用转账结算。

企业将款项委托当地银行汇往采购地开立专户时，根据汇出款项凭证编制付款凭证，借记“其他货币资金——外埠存款”科目，贷记“银行存款”科目；企业收到采购人员交来的供货单位发货票、账单等报销凭证时，据以编制转账凭证，借记“物资采购”或“原材料”“库存商品”“应交税费——应交增值税（进项税额）”等科目，贷记“其他货币资金——外埠存款”科目；用外埠存款采购结束将多余资金转回时，根据银行的收账通知编制收款凭证，借记“银行存款”科目，贷记“其他货币资金——外埠存款”科目。

第四节　银行结算

银行支付结算方式是指用一定的形式和条件来实现企业间或企业与其他单位和个人间货币收付的程序和方法，分为现金结算和支付结算两种。企业除按规定的范围使用现金结算外，大部分货币收付业务应通过银行办理支付结算。支付结算是指单位、个人在社会经济活动中使用票据、信用卡和汇兑、托收承付、委托收款等结算方式进行货币给付及其资金清算的行为。中国人民银行发布的《支付结算办法》规定的国内人民币的支付结算方式，包括支票、银行本票、银行汇票、商业汇票、信用卡、托收承付、委托收款和汇兑 8 种，另外还有国内信用证结算方式等。下面主要说明企业单位常用的支付结算方式，如表 2 -4 所示。

表 2 -4　企业单位常用的支付结算方式

支付方式	内容
支票	支票是出票人签发的，委托办理支票存款业务的银行在见票时无条件向收款人或者持票人支付确定的金额的票据
银行本票	银行本票是银行签发的，承诺自己在见票时无条件向收款人或者持票人支付确定的金额的票据
银行汇票	银行汇票是出票银行签发的，由其在见票时按照实际结算金额无条件支付给收款人或者持票人的票据
商业汇票	商业汇票是出票人签发的，委托付款人在指定日期无条件支付确定的金额给收款人或者持票人的票据
托收承付	托收承付是指根据购销合同由收款企业发货后，委托银行向异地付款单位收取款项、由付款单位向银行承付的一种结算方式
委托收款	委托收款是收款人委托银行向付款人收取款项的一种结算方式
汇兑	汇兑是汇款人委托银行将其款项支付给收款人的一种结算方式

一、支票

支票是出票人签发的，委托办理支票存款业务的银行在见票时无条件向收款人或者持票人支付确定的金额的票据。支票分为现金支票、转账支票和普通支票。支票上印有“现金”字样的为现金支票，现金支票只可用于从银行支取现金。支票上印有“转账”字样的为转账支票，转账支票只能用于转账。支票上未印有“现金”或“转账”字样的为普通支票，普通支票既可支取现金，又可转账。在普通支票左上角划有两条平行线的为划线支票，划线支票只能用于转账，不得支取现金。

支票是同城结算中应用很广泛的一种结算方式，单位和个人在同一票据交换区域的商品交易、劳务供应、清偿债务等各种款项结算都可采用这种方式。企业应按规定使用支票结算方式，明确支票的有关规定，如支票的提示付款期限为出票日起 10 天内，超过提示付款期限提示付款的，持票人开户银行不予付款；支票的出票人应是在银行开立可以使用支票的存款单位和个人；禁止签发空头支票；按规定出具并填写支票；用于转账的支票在有效期限内可在同城票据交换区域内背书转让等。

在会计核算上，对于付款的支票，企业应根据支票存根和有关原始凭证编制付款凭证；对于收款的支票，应填写“进账单”连同支票送交银行，根据银行盖章退回的进账单第一联和有关原始凭证编制收款凭证，正确及时反映银行存款的增减情况。

二、银行本票

银行本票是银行签发的，承诺自己在见票时无条件向收款人或者持票人支付确定的金额的票据，分为不定额本票和定额本票两种。定额本票面额分别为 1 000 元、5 000 元、10 000 元和 50 000 元。银行本票由银行签发，保证兑付，信誉度高。银行本票可以用于转账，注明“现金”字样的银行本票可以用于支取现金，但单位不得申请签发现金银行本票，单位和个人在同一票据交换期限需要支付各种款项均可采用这种结算方式。银行本票的提示付款期限为出票日起最长不得超过 2 个月，超过期限的银行不受理。在有效期限内收款人可以将银行本票背书转让给被背书人。

在会计核算上，收款企业收到银行本票时，应填写“进账单”，连同银行本票一并送银行转账收款，根据银行盖章退回的进账单第一联和有关原始凭证编制收款凭证，借记“银行存款”，贷记“应收账款”等科目；付款企业申请使用银行本票，应填写“银行本票申请书”存根联编制付款凭证，借记“其他货币资金”，贷记“银行存款”科目。

三、银行汇票

银行汇票是出票银行签发的，由其在见票时按照实际结算金额无条件支付给收款人或者持票人的票据。银行汇票可以用于转账，填明“现金”字样的银行汇票也可以用于支取现金。单位或个人各种款项结算均可使用这种结算方式，但签发现金银行汇票只适用于申请人和付款人均为个人，单位不得使用。银行汇票具有使用灵活、票随人到、兑现性强等特点。按规定，银行汇票的出票和付款，全国范围限于中国人民银行和各商业银行参加“全国联行往来”的银行机构办理；银行汇票的提示付款期限为一个月，持票人超过付款期限提示付款的，代理付款人不予受理；代理付款人也不得受理未在本行开立存款账户的持票人为单位直接提交的银行汇票；收款人可以将银行汇票背书转让给被背书人，但银行汇票的背书转让以不超过出票金额的实际金额为准，未填写实际结算金额或实际结算金额超过出票金额的银行汇票不得背书转让；银行汇票的实际结算金额不得更改。

在会计核算上，付款企业使用银行汇票，应向出票银行填写“银行汇票申请书”，银行受理、收妥款项后签发银行汇票，企业取得银行汇票和解讫通知后，应根据“银行汇票申请书”存根联编制付款凭证，借记“其他货币资金”科目，贷记“银行存款”科目。收款企业收到付款单位的银行汇票和解讫通知，经审查无误后，在出票金额以内，根据实际需要的款项办理结算，并将实际结算金额和多余金额准确、清晰地填入银行汇票和解讫通知的有关栏内，实际结算金额不得超过出票金额；收款企业向银行提示付款时，应将银行汇票和解讫通知、进账单一并交开户银行办理结算；根据银行盖章退回的进账单第一联编制收款凭证，借记“银行存款”科目，贷记“应收账款”等科目。

四、商业汇票

商业汇票是出票人签发的，委托付款人在指定日期无条件支付确定的金额给收款人或者持票人的票据。商业汇票按其承兑人的不同，分为商业承兑汇票和银行承兑汇票。商业承兑汇票由银行以外的付款人承兑；银行承兑汇票由银行承兑。商业汇票的付款人为承兑人。在银行开立存款账户的法人以及其他组织之间，必须具有真实的交易关系或债权债务关系才能使用商业汇票。

根据规定，商业承兑汇票的出票人应是在银行开立存款账户的法人以及其他组织，与付款人具有真实的委托付款关系，具有支付汇票金额的可靠资金来源；银行承兑汇票的出票人也应是在银行开立存款账户的法人以及其他组织，与承兑银行具有真实的委托付款关系，资信状况良好，具有支付汇票金额的可靠资金来源。出票人不得签发无对价的商业汇票用以骗取银行或者其他票据当事人的资金；商业承兑汇票可以由付款人签发并承兑；也可由收款人签发交由付款人承兑；银行承兑汇票应由在承兑银行开立存款账户的存款人签发。商业汇票可以在出票时向付款人提示承兑后使用，也可以在出票后先使用再向付款人提示承兑。定日付款或者出票后定期付款的商业汇票，持票人应当在汇票到期日前向付款人提示承兑；见票后定期付款的汇票，持票人应当自出票日起 1 个月内向付款人提示承兑；汇票未按照规定期限提示承兑的持票人丧失对其前手的追索权；经承兑的商业汇票，其付款期限最长不能超过 6 个月，定日付款的汇票付款期限自出票日起计算，并在汇票上记载具体的到期日，出票后定期付款的汇票付款期限自出票日起按月计算，并在汇票上记载，见票后定期付款的汇票付款期限自承兑或拒绝承兑日起按月计算并在汇票上记载；持票人应在提示付款期（自汇票到期日起 10 日）内通过开户银行委托收款，或直接向付款人提示付款；商业承兑汇票的付款人应在汇票到期日通过开户银行付款；银行承兑汇票的出票人（即付款人）应于汇票到期前将票款足额交存其开户银行，承兑银行应在汇票到期日或到期日后的一定期限内见票当日支付票款；符合条件的商业汇票的持票人可持未到期的商业汇票连同贴现凭证向银行申请贴现，贴现期限从其贴现之日起至汇票到期日止，实际贴现金额按票面金额扣除贴现日至汇票到期前 1 日的利息计算，承兑人在异地的，贴现的期限以及贴现利息的计算应另加 3 天的划款日期。

五、托收承付

托收承付是指根据购销合同由收款企业发货后，委托银行向异地付款单位收取款项、由付款单位向银行承付的一种结算方式。使用托收承付结算方式的收款单位和付款单位，必须是国有企业、供销合作社以及经营管理较好并经开户银行审查同意的城乡集体所有制工业企业。办理托收承付结算的款项，必须是商品交易以及因商品交易而产生的劳务供应的款项。代销、寄销、赊销商品的款项，不得办理托收承付结算。

根据规定，收付双方使用托收承付结算必须签有符合《中华人民共和国经济合同法》的购销合同，并在合同上订明使用托收承付结算方式；收付双方办理托收承付结算，必须重合同、守信用；收款单位办理托收，必须具有商品确已发运的证件（包括铁路、航运、公路等运输部门签发运单副本和邮局包裹回执）；托收承付结算的每笔金额起点为10 000元，新华书店系统的托收承付结算每笔的金额可降到1 000元。

在会计核算上，收款企业按经济合同发货后，按规定签发托收承付结算凭证，连同发货单、运单、合同副本一并提交银行办理托收，在银行审查无误并予以受理后，应做企业销货实现的账务处理。付款单位接到银行转来的结算凭证及附件后，经审查无误，根据购销合同中规定的承付货款方式，即验单付款或验货付款，办理货款的承付。验单付款的承付期为3天，验货付款的承付期为10天。若承认付款，应于承付时根据托收承付结算凭证的承付通知和有关发票账单等原始凭证，编制付款凭证，对于既未承付又未拒付的款项，银行视为默认承付，付款单位应于规定的承付期满的次日，编制付款凭证。若付款单位全部或部分拒绝付款，必须填写“拒绝付款理由书”，注明拒绝付款理由，经开户银行审查同意的方可拒付，经开户银行审查理由不符合拒付规定的，开户银行不予受理，并要实行强制扣款。收款企业对于托收款项，应在收到银行的收账通知时，根据收账通知和有关原始凭证编制收款凭证。

六、委托收款

委托收款是收款人委托银行向付款人收取款项的一种结算方式。同城异地均可采用。单位或个人凭已经承兑的商业汇票、债券、存单等付款人债务证明办理款项的结算，均可以使用这种结算方式。

在会计核算上，收款企业委托银行收款时，应签发委托收款凭证，连同有关的债务证明向银行提交，银行审查无误予以受理后，如为销货后委托收款，企业应根据委托托收凭证回单及其他单据，做销货实现的会计处理。付款单位接到银行转来的委托收款凭证和有关附件后，应在规定的付款期（接到通知日的次日起3日内）内付款，并编制付款凭证；如拒绝付款，应在付款期内出具拒绝证明，连同有关债务证明单据送交银行，由银行转交收款人，收款人在收到银行的收账通知时，根据收账通知编制收款凭证。

七、汇兑

汇兑是汇款人委托银行将其款项支付给收款人的一种结算方式。按凭证传送方法不同分为信汇和电汇两种。单位和个人的各种款项的结算，如各单位之间的商品交易、劳务供应、资金缴拨、清理旧账等，均可使用这种结算方式。

在会计核算上，汇款单位应在向银行办理汇款后，根据汇款回单编制付款凭证；收款人应在收到银行的收账通知时，据以编制收款凭证。

企业采用上述各种结算方式办理结算，必须遵守国家的法律法规和中国人民银行颁布的《支付结算办法》中的各项规定，遵守结算纪律。严格按照《银行账户管理办法》的规定开立、使用账户，不准出租、出借账户。单位、个人和银行办理支付结算必须遵守下列原则：恪守信用，履约付款；谁的钱进谁的账，由谁支配；银行不垫款。

第五节　外币交易

一、外币、外汇与汇率

（一）外币与外汇的概念

外币，简而言之就是除本国之外的其他国家或地区的货币，但这只是外币的狭义概念，包括各种纸币和铸币等。广义的外币是指所有以外国货币表示的，能够用于国际结算的支付手段，除了国外的纸币和铸币外，还包括企业所拥有的外国的有价证券、外币支付凭证、其他货币资金（如各种外币汇款、进出口贸易的外币性货款等）。

从会计学中货币计量的角度而言，记账本位币是一种计量单位，它是记账和编制财务报表所用的货币，外币则是记账本位币以外的另一种货币计量单位。按照我国现行制度的规定，企业一般以人民币作为记账本位币。

如果企业的业务收支以外国货币为主，也可以选用某一种外国货币作为记账本位币。记账本位币以外的货币均为外币。

外汇是指以外币表示的用于国际结算的支付手段。根据我国《外汇管理条例》规定，外汇的具体内容包括：

（1）外国货币，含纸币和铸币；

（2）外币有价证券，包括政府公债、国库券、公司债券、股票、息票等；

（3）外币支付凭证，包括票据（支票、汇票、期票）、银行存款凭证、邮政储蓄凭证等；

（4）其他外汇资产，黄金可以用作国际支付和结算的手段，执行世界货币的职能，所以，许多国家也将其列入外汇范畴。

外汇概念和外币概念是有区别的。作为外汇必须是：（1）以外币表示的资产；（2）在国外能得到偿付的债权；（3）可以兑换成其他支付手段的外币资产。不能自由兑换成其他国货币的外币不能称为外汇，但在会计上识别外币的标志是看其是否是记账本位币以外的货币。另外，外汇对企业来说，一般都表示成外币资产的来源，但外币除了表示外汇资产来源外，还可以作为一种计量单位，在企业并无实际发生外币收付业务时，也可能以外币计价和反映，这是外币业务会计的一个重要特点。

表2－5总结了外汇和外币的概念内容及其区别。

表2－5　外汇和外币的概念内容及其区别

	外币	外汇
概念	1. 狭义概念：除本国之外的其他国家或地区的货币。 2. 广义概念：指所有以外国货币表示的，能够用于国际结算的支付手段。 3. 从会计学中货币计量的角度而言，记账本位币是一种计量单位，它是记账和编制财务报表所用的货币，外币则是记账本位币以外的另一种货币计量单位	指以外币表示的用于国际结算的支付手段。外汇的具体内容包括： 1. 外国货币，含纸币和铸币。 2. 外币有价证券，包括政府公债、国库券、公司债券、股票、息票等。 3. 外币支付凭证，包括票据（支票、汇票、期票）、银行存款凭证、邮政储蓄凭证等。 4. 其他外汇资产

续上表

	外币	外汇
区别	1. 外币的标志是看其是否是记账本位币以外的货币。 2. 外币除了表示外汇资产来源外，还可以作为一种计量单位，在企业并无实际发生外币收付业务时，也可能以外币计价和反映	1. 外汇必须是：（1）以外币表示的资产；（2）在国外能得到偿付的债权；（3）可以兑换成其他支付手段的外币资产。 2. 外汇对企业来说，一般都表示成外币资产的来源

（二）汇率

1. 汇率的概念和类别

汇率，又称“汇价”，是指两种货币之间的比价，也就是一种货币兑换成另一种货币的比率。我国外汇汇率由中国人民银行公布市场汇价，即基准汇价，各外汇指定银行以此为依据，在中国人民银行规定的浮动范围内自行挂牌对客户买卖外汇。

汇率从银行买卖外汇的角度可分为买入汇率、卖出汇率和中间汇率。买入汇率是指银行向客户买入外币时所采用的汇率，亦称“买入价”。卖出汇率是指银行向客户出售外币时所采用的汇率，亦称“卖出价”。中间汇率是指银行买入汇率与卖出汇率的简单算术平均数。

我国企业外币业务会计主要采用现行汇率制度。外币交易应当在初始确认时，采用交易发生日的即期汇率将外币金额折算为记账本位币金额；也可以采用按照系统合理的方法确定的，与交易发生日即期汇率近似的汇率折算。

表2－6总结了以上汇率概念和类别等的相关内容。

表2－6　汇率的概念、类别及我国企业外币业务会计主要采用的汇率制度

项目	内容
概念	汇率，又称“汇价”，是指两种货币之间的比价，也就是一种货币兑换成另一种货币的比率

续上表

项目	内容
类别	1. 买入汇率，是指银行向客户买入外币时所采用的汇率。 2. 卖出汇率，是指银行向客户出售外币时所采用的汇率。 3. 中间汇率，是指银行买入汇率与卖出汇率的简单算术平均数
我国企业外币业务会计采用的汇率制度	1. 主要采用现行汇率制度，即外币交易在初始确认时，采用交易发生日的即期汇率将外币金额折算为记账本位币金额。 2. 也可以采用按照系统合理的方法确定的，与交易发生日即期汇率近似的汇率折算

2. 汇率的标价方法

（1）直接标价法。

直接标价法也称应付标价法，是指以一定单位的外国货币（1 个、100 个或 1 000 个单位）为标准，计算应付出多少单位的本国货币。也就是说，在直接标价法下，汇率是以本国货币表示的单位外国货币的价格。外汇汇率上涨，说明外币币值上涨，表示单位外币所能换取的本币增多，本币币值下降；外汇汇率下降，说明外币币值下跌，表示外国单位货币能换取的本币减少，本币币值上升。目前世界上大多数国家采用直接标价法，我国的人民币汇率采用直接标价法。

（2）间接标价法。

间接标价法也称应收标价法或数量标价法，是指以一定单位的本国货币（1 个、100 个或 1 000 个单位）为标准，计算应收进多少外国货币。在间接标价法下，汇率是以外国货币来表示的单位本国货币的价格。若一定数额的本国货币能兑换的外国货币比原来减少，说明外国货币升值；若一定数额的本国货币能兑换的外国货币比原来增多，则说明外国货币的币值下跌，本国货币的币值上升。目前世界上只有英国和美国等少数国家使用间接标价法。

如表 2 - 7 所示为对汇率标价方法的总结。

表 2 – 7　汇率的标价方法

汇率的标价方法	内容	举例
直接标价法	是指以一定单位的外国货币（1个、100个或1 000个单位）为标准，计算应付出多少单位的本国货币	比如，6.4RMB/USD 或者640RMB/100USD
间接标价法	是指以一定单位的本国货币（1个、100个或1 000个单位）为标准，计算应收进多少外国货币	比如，0.1563USD/RMB 或者15.63USD/100RMB

二、外币交易的会计处理

（一）外币业务的记账方法

企业外币业务记账方法的选择，与企业记账本位币的确定有密切关系。外币业务记账方法有两种：一种是外币统账制，另一种是外币分账制。企业可根据实际情况选择。

1. 外币统账制

外币统账制也称记账本位币制，是以记账本位币作为统一记账金额的记账方法。在这种记账方法下，所有外币的收支，都应折算为记账本位币进行反映，外币金额只在账上作为补充资料进行反映。我国企业一般应以人民币作为记账本位币，所以，在外币统账制下，当企业发生外币业务时，一般按人民币统一设账、统一记录，外币业务的金额均要换算为人民币金额后入账反映，同时要设立不同外币种类的二级辅助账户，反映外币资金和外币债权、债务的增减情况。

外币统账制适用于涉及外币种类较少，而且外币收支业务不多的企业。本节主要介绍企业选择外币统账制所进行的外币业务核算。

2. 外币分账制

外币分账制又称原币记账制或分别记账制。在这种记账方法下，企业的记账本位币业务和外币业务均应分别设立账户反映，即有几种币种入账，就应设立几套账户，在发生外币业务时，以原币记账，而不立即折算为记账本位币记账。如果发生两种货币之间的兑换业务，应通过单独设置的“外币兑换”账户作为两种账户之间的桥梁来进行会计处理，分别与原币的对应账户构成借贷关系。到会计期末，再按一定汇率将各种外币账户的余额换算成记账本位币编制财务报表。各种外币的“外币兑换”账户期末余额按期末即期汇率折算成记账本位币金额，与记账本位币的“外币兑换”账户金额之间的差额，作为汇兑损益处理。外币分账制适用于涉及外币种类较多，而且外币收支较大的企业，如商业银行等。采用分账制记账方法，只是账务处理方法不同，但其产生的汇兑差额的确认、计量的结果和列报，应当与统账制处理结果一致。

表2－8对以上企业外币业务记账方法的具体内容和适用范围做了概括。

表2－8 企业外币业务记账方法的具体内容

	企业外币业务的记账方法	
	外币统账制	外币分账制
定义	外币统账制也称记账本位币制，是以记账本位币作为统一记账金额的记账方法。在这种记账方法下，所有外币的收支，都应折算为记账本位币进行反映	外币分账制又称原币记账制或分别记账制。在这种记账方法下，企业的记账本位币业务和外币业务均应分别设立账户反映
适用范围	适用于涉及外币种类较少，而且外币收支业务不多的企业	适用于涉及外币种类较多，而且外币收支较大的企业

（二）外币交易的内容

外币交易，是指以外币计价或者结算的交易。外币交易包括：

（1）投入外币资本业务，即投资人以外币作为资本投入企业的业务；

（2）买入或者卖出以外币计价的商品或者劳务；

（3）借入或者借出外币资金；

（4）外币兑换业务，即一种货币兑换为另一种货币的业务；

（5）其他涉及外币的业务。

三、外币交易的账务处理

（一）外币交易核算的基本程序

图2－2简单呈现了外币交易核算的基本程序。

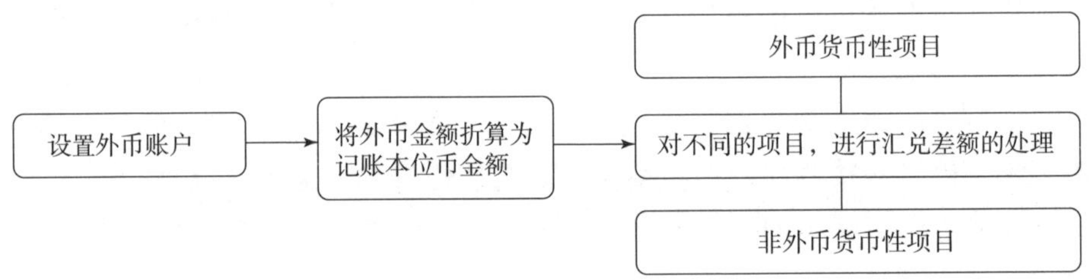

图2－2　外币交易核算的程序

外币交易的核算，首先应设置外币账户。企业应设置的外币账户主要包括外币现金、外币银行存款等货币资金账户，以及应收账款、应收票据、预付账款、短期借款、长期借款、应付账款、应付票据、应付职工薪酬、应付股利、预收账款等债权债务外币账户。在外币业务核算中涉及的如原材料、固定资产、实收资本等账户，属于非外币账户。企业应在涉及外币业务的账户中按外币种类分别设置明细账户，详细反映外币账款的收付结存情况。不允许开设现汇账户的企业，可以设置外币现金和外币银行存款以外的其他外币账户。

其次，企业对于发生的外币交易，应当将外币金额折算为记账本位币金额。外币交易应当在初始确认时，采用交易发生日的即期汇率将外币金额折算为记账本位币金额；也可以采用按照系统合理的方法确定的，与交易发生日即期汇率近似的汇率折算。

即期汇率通常是指当日中国人民银行公布的人民币外汇牌价的中间价。企业发生的外币兑换业务或涉及外币兑换的交易事项，应当以交易实际采用的汇率，即银行买入价或卖出价折算。即期汇率的近似汇率是按照系统合理的方法确定的，与交易发生日即期汇率近似的汇率，通常是指当期平均汇率或加权平均汇率等。通常情况下，企业应当采用即期汇率进行折算。汇率波动不大的，也可以采用按照系统合理的方法确定的，与交易发生日即期汇率近似的汇率折算，但前后各期应当采用相同的方法确定当期的近似汇率。

最后，汇兑差额的会计处理，企业应在资产负债表日，按照下列规定对外币货币性项目和外币非货币性项目进行处理。

1. 外币货币性项目

货币性项目，是指企业持有的货币资金和将以固定或可确定的金额收取的资产或者偿付的负债，分为货币性资产和货币性负债。货币性资产包括现金、银行存款、应收账款、其他应收款、长期应收款等；货币性负债包括应付账款、其他应付款、长期应付款等。对于外币货币性项目，应当采用资产负债表日的即期汇率折算，因汇率波动而产生的汇兑差额作为财务费用计入当期损益，同时调增或调减外币货币性项目的记账本位币金额；需要计提减值准备的，应当按资产负债表日的即期汇率折算后，再计提减值准备。

2. 外币非货币性项目

非货币性项目，是货币性项目以外的项目，包括存货、长期股权投资、固定资产、无形资产、实收资本、资本公积等。

对于以历史成本计量的外币非货币性项目，除其外币价值发生变动外，已在交易发生日按当日即期汇率折算，资产负债表日不应改变其原记账本位币金额，不产生汇兑差额。

对于交易性金融资产等外币非货币性项目，其公允价值变动计入当期损益的，相应的汇率变动的影响也应当计入当期损益。

【例2－4】 某公司的记账本位币为人民币。2×19 年 6 月 2 日以 30 000港元购入 A 公司 H 股 10 000 股作为短期投资，当日汇率为 1 港元 =1.20 元人民币，款项已付。公司根据其管理该股票的业务模式和该股票的合同现金流量特征，将该股票分类为以公允价值计量且其变动计入当期损益的金融资产。2×19 年 6 月 30 日，由于市价变动，当月购入的 A 公司 H 股变为 35 000 港元，当日 1 港元 =1 元人民币。

2×19 年 6 月 2 日，该公司对上述交易应做以下处理：

借：交易性金融资产　　　　(30 000×1.20) 36 000

　　贷：银行存款　　　　(30 000×1.20) 36 000

由于该项短期股票投资是从境外市场购入，以外币计价，在资产负债表日，不仅应考虑其港币市价的变动，还应一并考虑汇率变动的影响，上述交易性金融资产以资产负债表日的人民币 35 000 元（35 000×1）入账，与原账面价值 36 000 元（30 000×1.20）的差额为 1 000 元人民币，计入公允价值变动损益。相应的会计分录为：

借：公允价值变动损益　　1 000
　　贷：交易性金融资产　　1 000

1 000 元人民币包含甲公司所购 H 股公允价值变动以及人民币与港币之间汇率变动的双重影响。

（二）外币兑换业务

外币兑换业务，包括企业把外币卖给银行、向银行结汇、购汇以及用一种外币向银行兑换成另一种外币等。

1. 接受外币资本投资的账务处理

外商投资企业接受外币投资时，采用收到外币款项时的市场汇率将外币折算为记账本位币入账。对于实收资本账户如何登记入账，应当分别按投资合同是否有约定汇率进行处理：（1）在投资合同中对外币资本投资有约定汇率的情况下，应当按照合同中约定的汇率进行折算，以折算金额作为实收资本的金额入账；外币资本按约定汇率折算的金额与按收到时的市场汇率折算的金额之间的差额，作为资本公积处理；（2）在投资合同中对外币资本投资没有约定汇率的情况下，按收到外币款项时的市场汇率进行折算。

【例2－5】 某公司收到外方投资 200 000 美元，收到外币款项时的市场汇率为 1 美元＝6. 30 元人民币。投资合同规定的汇率为 1 美元＝6 元人民币。

本例中，某公司对于收到的外币资本投资，一方面应按照收到时的市场汇率折算为人民币登记相应的资产账户，并按照美元的金额登记相应的外币账户；另一方面应按照投资合同中约定汇率折算的人民币作为股本入账。对于两者由于折算汇率不同所产生的折算差额，作为资本公积处理。会计分录如下：

借：银行存款——美元户（200 000 美元）
　　（200 000 ×6. 30）1 260 000
　　贷：股本　　（200 000 ×6）1 200 000
　　　　资本公积　　60 000

除假设投资合同中没有约定汇率外，其他条件与上例同。会计分录如下：

借：银行存款——美元户（200 000 美元）

（200 000 ×6.30）1 260 000

贷：股本　1 260 000

【例2-6】 某公司与外商签订的投资合同中规定外商分次投入外币资本，在投资合同中没有约定折算汇率。该公司第一次收到外商投入资本300 000 美元，当时的市场汇率为1 美元 =6.30 元人民币；第二次收到外商投入资本300 000 美元，当时的市场汇率为1 美元 =6.35 元人民币。会计分录如下：

第一次收到外币资本时：

借：银行存款——美元户（300 000 美元）

（300 000 ×6.30）1 890 000

贷：股本　1 890 000

第二次收到外币资本时：

借：银行存款——美元户（300 000 美元）

（300 000 ×6.35）1 905 000

贷：股本　1 905 000

2. 企业把外币卖给银行

企业把持有的外币卖给银行，银行按买入价将人民币兑付给企业。企业按实得人民币金额借记“银行存款（人民币户）”科目，按实际兑出的外币额与按企业选定的折算汇率折算的人民币金额贷记“银行存款（外币户）”科目，因银行买入价与折算汇率不一致而产生的汇兑损益，记入“财务费用”科目。

【例2-7】 某企业将1 000 美元卖给银行，当天美元买入价为1 美元 =6.30 元人民币，实际收入民币6 300 元。企业采用的记账折算汇率为1 美元 =6.35 元人民币。应进行的会计处理如下：

借：银行存款（人民币户） 6 300
　　财务费用 50
　　贷：银行存款（美元户） （1 000×6.35）6 350

3. 向银行购汇

企业向银行购入外汇时，银行按卖出价向企业收取人民币。企业实际支付的人民币金额与按企业选定的折算汇率折合的人民币之间的差额记入财务费用。

【例2-8】 某企业从银行买入美元5 000元，当天银行卖出价为1美元=6.20元人民币，企业实付人民币31 000元。企业折算汇率为1美元=6.30元人民币。应进行的会计处理如下：

借：银行存款（美元户） （5 000×6.30）31 500
　　贷：财务费用 500
　　　　银行存款（人民币户） 31 000

4. 借入或借出外币资金业务

企业借入外币资金时，按照借入外币时的市场汇率折算为记账本位币入账，同时按照借入外币的金额登记相关的外币账户。“短期借款”科目借贷方差额在期末作为汇兑损益处理，短期借款的利息均记入“财务费用”科目。

【例2-9】 某企业按业务发生当日市场汇率作为记账汇率。4月10日从银行借入50 000美元，当日市场汇率为1美元=6.40元人民币。应进行的会计处理如下：

借：银行存款（美元户） （50 000×6.40）320 000
　　贷：短期借款（美元户） （50 000×6.40）320 000

若企业于5月10日归还这笔借款，当日市场汇率为1美元=6.30元人民币。应进行的会计处理如下：

借：短期借款（美元户）　　　　(50 000 ×6.30) 315 000
　　贷：银行存款（美元户）　　　　(50 000 ×6.30) 315 000

5. 买入或者卖出以外币计价的商品或者劳务

企业发生买入或者卖出以外币计价的商品或者劳务时，应按企业选定的折算汇率将外币金额折合为记账本位币入账。期末（月末或季末、年末），对所有外币账户余额按期末市场汇率进行调整，调整后的差额记入“财务费用”科目。

【例2－10】 某企业外币业务核算采用当月月初的市场汇率作为即期汇率近似汇率，并作为当月外币交易业务的折算汇率，并按月计算汇兑损益。2×19 年 5 月 1 日的市场汇率为 1 美元 =6.30 元人民币，2×19 年 4 月 30 日的市场汇率为 1 美元 =6.30 元人民币，各外币账户 2×19 年 4 月 30 日的期末余额如表 2－9 所示。

表 2－9　各外币账户的期末余额

外币账户	外币余额（美元）	折算汇率	记账本位币金额（人民币元）
银行存款	100 000	6.3	630 000
应收账款——甲企业	10 000	6.3	63 000
应付账款——A 企业	10 000	6.3	63 000
短期借款	15 000	6.3	94 500

该企业 5 月份外币收支业务如下：

(1) 5 日，收回甲企业货款 8 000 美元。

(2) 8 日，支付 A 企业货款 5 000 美元。

(3) 20 日，归还短期借款 10 000 美元。

(4) 23 日，出售甲企业产品一批，货款 25 000 美元，货已发出，货款尚未收到。根据上述业务资料，该企业应做如下会计分录（不考虑增值税等相关税金）：

(1) 借：银行存款（美元户） (8 000 ×6.3) 50 400

贷：应收账款——甲企业（美元户） (8 000 ×6.3) 50 400

(2) 借：应付账款——A 企业（美元户） (5 000 ×6.3) 31 500

贷：银行存款（美元户） (5 000 ×6.3) 31 500

(3) 借：短期借款（美元户） (10 000 ×6.3) 63 000

贷：银行存款（美元户） (10 000 ×6.3) 63 000

(4) 借：应收账款——甲企业（美元户）

(25 000 ×6.3) 157 500

贷：主营业务收入 157 500

2×19 年 5 月 31 日的市场汇率为 1 美元 =6.25 元人民币，则该企业调整各外币账户余额见表 2－10 ~ 表 2－13。

表 2－10 银行存款（美元户）

摘要	美元	汇率	人民币
期初余额（借）	100 000	6.30	630 000
借方发生额	8 000	6.30	50 400
贷方发生额	15 000	6.30	94 500
期末余额	93 000	6.30	585 900
期末调整	93 000	6.25	581 250
汇兑损益			4 650（贷）

表 2－11 应收账款——甲企业（美元户）

摘要	美元	汇率	人民币
期初余额（借）	10 000	6.30	63 000
借方发生额	25 000	6.30	157 500
贷方发生额	8 000	6.30	50 400
期末余额	27 000	6.30	170 100
期末调整	27 000	6.25	168 750
汇兑损益			1 350（贷）

表 2－12　应付账款——A 企业（美元户）

摘要	美元	汇率	人民币
期初余额（贷）	10 000	6.30	63 000
贷方发生额	—	6.30	—
借方发生额	5 000	6.30	31 500
期末余额	5 000	6.30	31 500
期末调整	5 000	6.25	31 250
汇兑损益			250（借）

表 2－13　短期借款（美元户）

摘要	美元	汇率	人民币
期初余额（贷）	15 000	6.30	94 500
贷方发生额	—	6.30	—
借方发生额	10 000	6.30	63 000
期末余额	5 000	6.30	31 500
期末调整	5 000	6.25	31 250
汇兑损益			250（借）

根据对上述各外币账户的调整结果编制如下调整分录：

借：应付账款——A 企业（美元户）　　250

　　短期借款（美元户）　　250

　　财务费用　　5 500

　　贷：银行存款（美元户）　　4 650

　　　　应收账款——甲企业（美元户）　　1 350

四、外币交易新旧制度差异比较

（一）新旧制度比较

外币折算准则与现行企业会计制度、金融企业会计制度（以下简称原制度）比较，在外币交易折算、外币报表折算等方面规定的原则和方法基本相同，外币折算准则与原制度相比，主要差异如表 2－14 所示。

表 2－14　外币交易新旧制度差异比较

新旧制度差异	原规定	新规定
明确了记账本位币确定要求	原制度规定，一般以人民币为记账本位币，允许选择人民币以外的货币为记账本位币，但未对记账本位币进行定义，也没有明确选择记账本位币需要考虑的因素	新准则明确记账本位币是指企业经营活动所处的主要经济环境中的货币，并规定了判断记账本位币需要考虑的因素
改变了外币投入资本的折算方法	原制度规定，外币投入资本有合同约定汇率的，在收到外币资本投入时，按合同约定汇率折算；没有合同约定汇率的，按收到外币资本投入当日的即期汇率折算	新准则规定，所有外币交易的外币金额在折算为记账本位币金额入账时，均应当按照交易日的即期汇率折算，货币性项目及非货币性项目均如此，外币投入资本也不例外
增加了采用公允价值计量的非货币性资产的处理	原制度规定，资产负债表日，所有非货币性项目均不应改变其原记账本位币金额	新准则引入公允价值计量模式，资产负债表日，以公允价值计量的外币非货币性项目，如交易性金融资产（股票、基金等），采用公允价值确定日的即期汇率折算，折算后的记账本位币金额与原记账本位币金额的差额，作为公允价值变动（含汇率变动）的一部分进行处理，计入当期损益

续上表

新旧制度差异	原规定	新规定
规定了境外经营处置的处理和恶性通货膨胀经济中境外经营财务报表的折算	原制度对此没有规定	新准则规定，企业在处置境外经营时，将合并财务报表中已列入所有者权益的外币报表折算差额中与该境外经营相关部分，自所有者权益项目中转入处置当期损益；如果是部分处置境外经营，应当按处置的比例计算处置部分的外币报表折算差额，转入处置当期损益。 对处于恶性通货膨胀经济中的境外经营的财务报表，企业应当对资产负债表项目运用一般物价指数予以重述，对利润表项目运用一般物价指数变动予以重述，再按照最近资产负债表日的即期汇率进行折算。在境外经营不再处于恶性通货膨胀经济中时，应当停止重述，按照停止之日的价格水平重述的财务报表进行折算

（二）新旧制度衔接

企业应按照《企业会计准则第38号——首次执行企业会计准则》的规定，分别按下列情况进行处理：

(1) 首次执行日后，根据准则规定需要变更记账本位币的，应当采用变更当日的即期汇率将所有项目折算为变更后的记账本位币。

(2) 首次执行日后，企业新接受的外币投入资本按新准则规定进行处理。在此之前已经接受的外币投入资本已按照合同约定汇率折算的，仍然按折算后的记账本位币金额反映，不再进行追溯调整。

(3) 原采用分账制核算的金融企业，在首次执行日，应按照准则规定的原则对本年度及以后年度外币交易进行处理，已按金融企业会计制度进行处理产生的外币报表折算差额，应当调整首次执行日的期初留存收益。

第三章　应收预付款项的会计核算

第一节　应收票据

一、应收票据概述

应收票据是指企业因销售商品、提供劳务等而收到的商业汇票。商业汇票是出票人签发的，委托付款人在见票时或者在指定日期，无条件支付确定的金额给收款人或者持票人的票据。在商业汇票关系中，包括三个基本当事人：出票人、付款人和收款人。出票人是签发商业汇票，委托付款人进行付款行为的人；付款人则是商业汇票上载明的、受托承担付款义务的人，在付款人进行承兑后，则成为承兑人；收款人是汇票上载明的、有权持有汇票并接受付款的人，而从收款人处依法受让汇票并取得付款的人，则为持票人。在通常情况下，汇票上所载收款人也就是第一持票人。

商业汇票的付款期限，最长不得超过6个月。定日付款的汇票付款期限自出票日起计算，并在汇票上记载具体到期日；出票后定期付款的汇票付款期限自出票日起按月计算，并在汇票上记载；见票后定期付款的汇票付款期限自承兑或拒绝承兑日起按月计算，并在汇票上记载。商业汇票的提示付款期限，自汇票到期日起10日内。符合条件的商业汇票的持票人，可以持未到期的商业汇票连同贴现凭证向银行申请贴现。

商业汇票按承兑人的不同，分为商业承兑汇票和银行承兑汇票，前者是指由收款人签发，经付款人承兑，或由付款人签发并承兑的票据；后者是指由收款人或承兑申请人签发，并由承兑申请人向开户银行申请，经银行审查同意承兑的票据。商业汇票的收款人、付款人或承兑申请人一般指供货和购货单位。商业承兑汇票是指由付款人签发并承兑，或由收款人签发交由付款人承兑的汇票。商业承兑汇票的付款人收到开户银行的付款通知，应在当日通知银行付款。付款人在接到通知日的次日起三日内（遇法定休假日顺延）未通知银行付款的，视同付款人承诺付款，银行将于付款人接到通知日的次日起第四日（遇法定休假日顺延）上午开始营业时，将票款划给持票人。付款人提前收到由其承兑的商业汇票，应通知银行于汇票到期日付款。银行在办理划款时，付款人存款账户不足支付的，银行应填制付款人未付票款通知书，连同商业承兑汇票邮寄持票人开户银行转交持票人。

银行承兑汇票是指由在承兑银行开立存款账户的存款人（这里也是出票人）签发，由承兑银行承兑的票据。企业申请使用银行承兑汇票时，应向其承兑银行按票面金额的万分之五交纳手续费。银行承兑汇票的出票人应于汇票到期前将票款足额交存其开户银行，承兑银行应在汇票到期日或到期日后的见票当日支付票款。银行承兑汇票的出票人于汇票到期前未能足额交存票款时，承兑银行除凭票向持票人无条件付款外，对出票人尚未支付的汇票金额按照每天万分之五计收利息。

表3－1对以上关于应收票据概念的内容做了简单的总结。

表3－1　应收票据相关的概念

项目	内容
应收票据	指企业因销售商品、提供劳务等而收到的商业汇票
商业汇票	出票人签发的，委托付款人在见票时或者在指定日期，无条件支付确定的金额给收款人或者持票人的票据。商业汇票关系包括三个基本当事人：出票人、付款人和收款人
商业汇票的付款期限	最长不得超过6个月
商业汇票的类别	按承兑人的不同，分为商业承兑汇票和银行承兑汇票。前者是指由收款人签发，经付款人承兑，或由付款人签发并承兑的票据；后者是指由收款人或承兑申请人签发，并由承兑申请人向开户银行申请，经银行审查同意承兑的票据

二、应收票据的核算

为了反映和监督应收票据取得、票款收回等经济业务，企业应当设置“应收票据”科目，借方登记取得的应收票据的面值，贷方登记到期收回票款或到期前向银行贴现的应收票据的票面余额，期末余额在借方，反映企业持有的商业汇票的票面金额。

本科目可按照开出、承兑商业汇票的单位进行明细核算，并设置“应收票据备查簿”，逐笔登记商业汇票的种类、号数和出票日。票面金额、交易合同号和付款人、承兑人、背书人的姓名或单位名称、到期日、背书转让日、贴现日、贴现率和贴现净额以及收款日和收回金额、退票情况等资料。商业汇票到期结清票款或退票后，在备查簿中应予注销。

（一）取得应收票据的会计核算

根据应收票据取得的原因不同，其会计处理也有所区别。企业因销售商品、提供劳务等而收到开出、承兑的商业汇票，按商业汇票的票面金额，借记本科目，按确认的营业收入，贷记“主营业务收入”等科目。涉及增值税销项税额的，还应进行相应的处理。

【例3-1】 某公司2×19年5月1日向A公司销售了一批原材料，货款金额（如无特殊说明，本书中的货款金额均不包含增值税额）为100 000元，适用的增值税税率为13%。当前货物已经发出，A公司送来一张期限为3个月的商业承兑汇票，面值为113 000元，抵付产品货款。则某公司应进行如下的会计处理：

科目	借方	贷方
借：应收票据	113 000	
贷：主营业务收入		100 000
应交税费——应交增值税（销项税额）		13 000

（二）转让应收票据的核算

在会计实务中，企业可以将自己持有的商业汇票背书转让。背书是指在票据背面或者粘单上记载有关事项并签章的票据行为。背书转让的，背书人应当承担票据责任。企业将持有的商业汇票背书转让以取得所需物资时，按应计入取得物资成本的金额，借记“材料采购”或“原材料”“库存商品”等科目，按专用发票上注明的可抵扣的增值税额，借记“应交税费——应交增值税（进项税额）”科目，按商业汇票的票面金额，贷记“应收票据”科目，如有差额，借记或贷记“银行存款”等科目。

【例3-2】 某公司于2×19年5月10日购买了一批生产用物资，由于资金短缺，将5月1日收到的一张期限为3个月，面额为113 000元的商业汇票背书转让，购入的物资货款金额为100 000元，适用增值税税率为13%。应做如下会计处理：

借：原材料　　100 000

　　应交税费——应交增值税（进项税额）　　13 000

　　贷：应收票据　　113 000

（三）应收票据贴现的会计核算

票据贴现是指企业以未到期票据向银行融通资金，银行按票据的应收金额扣除一定期间的利息后的余额付给企业的融资行为。在我国，商业汇票的持票人向银行办理贴现必须具备下列条件，即：在银行开立存款账户的企业法人以及其他组织；与出票人或者直接前手之间具有真实的商品交易关系；提供与其前手之间的增值税发票和商品发运单据复印件。

1. 应收票据贴现额的计算

贴现息＝票据到期值×贴现率×贴现期

贴现额＝票据到期值－贴现息

公式中，贴现利率由银行统一制定。贴现期按银行规定计算，通常是指从贴现日至票据到期日前1日的时期。

票据有带息与不带息之分，其到期值的计算及账务处理也有所不同。不带息票据到期值即票据面值，而带息票据到期值等于票据面值与票据利息之和，其中票据到期利息应按下列公式计算：

票据到期利息＝应收票据面值×票面利率×时间

以上公式中，票面利率有年、月、日利率之分。如需换算成月利率或日利率，每月统一按30天计算，全年按360天计算。三者之间的关系是：

月利率＝年利率÷12

日利率 = 月利率 ÷ 30（或年利率 ÷ 360）

时间是指从票据生效之日起到票据到期之日止的时间间隔。通常有以下两种表示方法：

第一种以月表示，即按月计息。计算时一律以次月对日为一个月（如从3月15日至4月15日）；月末签发的票据，不论月份大小，以到期月份的月末为到期日（如1月31日签发票据，期限为一个月的票据于2月28日或29日到期，期限为两个月的票据于3月31日到期）。计算利息的利率应该换算成月利率。

第二种是以天表示，即按天计息。票据的到期日计算为“算头不算尾”或“算尾不算头”，按照实际天数计算到期日。例如，5月20日出票，70天到期，则到期日为7月29日。

2. 应收票据贴现的账务处理

企业持未到期的商业汇票向银行贴现，应按实际收到的金额（减去贴现息后的净额），借记“银行存款”等科目，按贴现息部分，借记“财务费用”等科目，按商业汇票的票面金额，贷记“应收票据”科目或“短期借款”科目。

【例3-3】 2×19年9月20日，某公司持所收取的出票日期为7月22日、期限为6个月、面值为110 000元的不带息商业承兑汇票一张到银行贴现。假设银行同意对该票据进行贴现，银行年贴现率为12%。请对以上的经济业务编制会计分录。

（1）该应收票据到期日为2×20年1月22日，其贴现期是2×19年9月20日至2×20年1月22日，其贴现天数为124天。

贴现天数 = 11 + 31 + 30 + 31 + 22 − 1 = 124（天）

贴现息 = 110 000 × 12% × 124 ÷ 360 = 4 546.67（元）

贴现净额 = 110 000 − 4 546.67 = 105 453.33（元）

有关会计分录如下：

借：银行存款	105 453.33	
财务费用	4 546.67	
贷：应收票据		110 000

（2）如果贴现的商业汇票到期后，承兑人的银行账户不足支付，银行即将已贴现的票据退回申请贴现的企业，同时从贴现企业的账户中将票据款划回，贴现企业应做如下的账务处理：

借：应收账款　　110 000

　　贷：银行存款　　110 000

（3）如果申请贴现企业的银行存款账户余额不足，银行将应收的款项作为申请贴现企业的逾期贷款处理，贴现企业应做如下的账务处理：

借：应收账款　　110 000

　　贷：短期借款　　110 000

3. 收回到期应收票据的会计核算

商业汇票到期之后，应及时要求对方付款，应按实际收到的金额，借记“银行存款”科目，按商业汇票的票面金额，贷记“应收票据”科目。

【例3－4】 2×19年4月1日，某公司持有的一张期限为3个月，票面金额为113 000元的商业汇票已到期，该公司将上述应收票据收回，票面金额113 000元存入银行。某公司应做如下的会计处理：

借：银行存款　　113 000

　　贷：应收票据　　113 000

表3－2对以上内容做出了详细的总结。

表3－2　应收票据贴现会计核算的相关内容

项目	内容
票据贴现	是指企业以未到期票据向银行融通资金，银行按票据的应收金额扣除一定期间的利息后的余额付给企业的融资行为

续上表

项目		内容
商业汇票的持票人向银行办理贴现必须具备的条件		1. 是在银行开立存款账户的企业法人以及其他组织。 2. 与出票人或者直接前手之间具有真实的商品交易关系。 3. 提供与其前手之间的增值税发票和商品发运单据复印件
应收票据贴现额的计算		贴现息 = 票据到期值 × 贴现率 × 贴现期 贴现额 = 票据到期值 − 贴现息 公式中，贴现利率由银行统一制定。贴现期按银行规定计算，通常是指从贴现日至票据到期日前 1 日的时期
票据到期值的核算	不带息票据	不带息票据到期值即票据面值
	带息票据	带息票据到期值 = 票据面值 + 票据利息 票据到期利息 = 应收票据面值 × 票面利率 × 时间
应收票据贴现的账务处理		1. 应按实际收到的金额（减去贴现息后的净额），借记“银行存款”等科目。 2. 按贴现息部分，借记“财务费用”等科目。 3. 按商业汇票的票面金额，贷记“应收票据”科目或“短期借款”科目
收回到期应收票据的会计核算		按实际收到的金额，借记“银行存款”科目，按商业汇票的票面金额，贷记“应收票据”科目

第二节　应收账款

一、应收账款概述

表 3－3 详细介绍了应收账款的内容和特征。

表3-3　应收账款的内容和特征

项目	内容
应收账款的内容	是指企业因销售商品、提供劳务等经营活动，应向购货单位或接受劳务单位收取的款项。主要包括企业销售商品或提供劳务等应向有关债务人收取的价款及代购货单位垫付的包装费、运杂费等
应收账款的特征	1. 应收账款是企业因销售商品、产品、提供劳务等经营活动所形成的债权。 2. 应收账款是指流动资产性质的债权。 3. 应收账款是企业应收客户的款项，包括代垫的运杂费。不包括企业付出的各类存出保证金，如投标保证金和租入包装物保证金

二、应收账款的计价

应收账款通常应按实际发生额计价入账。计价时还需要考虑商业折扣和现金折扣等因素。

（一）商业折扣

商业折扣是指企业根据市场供需情况，或针对不同的顾客，在商品标价上给予的扣除，是为鼓励客户购买本企业的产品而给予客户的价格优惠。

商业折扣是企业最常用的促销手段。商业折扣一般在交易发生时即已确定，它仅仅是确定实际销售价格的一种手段，不需要在买卖双方任何一方的账上反映，所以商业折扣对应收账款的入账价值没有影响。因此，在存在商业折扣的情况下，企业应收账款入账金额应按扣除商业折扣以后的实际售价确认。

（二）现金折扣

现金折扣是指债权人为鼓励债务人在规定的期限内付款，而向债务人提供的债务扣除。现金折扣通常发生在以赊销方式销售商品及提供劳务的交易中。企业为了鼓励客户提前偿付货款，通常与债务人达成协议，债务人在不同期限内付款可享受不同比例的折扣。现金折扣一般用符号“折扣/付款期限”表示。例如，买方在10天内付款可按售价给予2%的折扣，用符号“2/10”表示；在20天内付款按售价给予1%的折扣，用符号“1/20”表示；在30天内付款，则不给折扣，用符号“*n*/30”表示。

在存在现金折扣的情况下，应收账款应以未减去现金折扣的金额作为入账价值。实际发生的现金折扣作为一种理财费用，计入发生当期的损益。

三、应收账款的会计核算

为了反映应收账款的增减变动及其结存情况，企业应设置“应收账款”科目，不单独设置“预收账款”科目的企业，预收的账款也在“应收账款”科目核算。“应收账款”科目的借方登记应收账款的增加，贷方登记应收账款的收回及确认的坏账损失。特别需要说明的是，企业代购货单位垫付包装费、运杂费也应计入应收账款，通过“应收账款”科目核算。

期末“应收账款”科目的余额一般在借方，反映企业当时尚未收回的应收账款；如果期末余额在贷方，则反映企业预收的账款。

(1) 企业发生的应收账款，在没有商业折扣的情况下，按应收的全部金额入账。

【例3－5】 某公司向A公司销售一批服装，价值总计58 000元，适用的增值税税率为13%，代购货单位垫付杂费2 000元，已办妥银行收款手续。

借：应收账款　　67 540

　贷：主营业务收入　　58 000

　　应交税费——应交增值税（销项税额）　　7 540

　　银行存款　　2 000

收到货款时：

借：银行存款　　67 540

　贷：应收账款　　67 540

(2) 企业发生的应收账款，在有商业折扣的情况下，应按扣除商业折扣后的余额入账。

【例3－6】　某公司销售一批产品，按价目表标明的价格计算，金额为20 000元，由于是成批销售，销货方给购货方10%的商业折扣，金额为2 000元，销货方应收账款的入账金额为18 000元，适用增值税税率为13%。销售额和折扣额在同一专用发票上注明。

借：应收账款　20 340

　　贷：主营业务收入　18 000

　　　　应交税费——应交增值税（销项税额）　2 340

收到货款时：

借：银行存款　20 340

　　贷：应收账款　20 340

（3）企业发生的应收账款在有现金折扣的情况下，采用总价法入账，发生的现金折扣作为财务费用处理。

【例3－7】　某公司销售产品10 000元，规定的现金折扣条件为“2/10，*n*/30”，适用的增值税税率为13%，产品交付并办妥托收手续。

借：应收账款　113 000

　　贷：主营业务收入　10 000

　　　　应交税费——应交增值税（销项税额）　1 300

收到货款时，根据购货企业是否得到现金折扣的情况入账。如果上述货款在10天内收到：

借：银行存款　11 074

　　财务费用　226

　　贷：应收账款　11 300

如果超过了现金折扣的最后期限：

借：银行存款　113 000

　　贷：应收账款　113 000

与应收款项相关的会计核算是非常常见的经济业务。

第三节 预付账款

预付账款是指企业按照合同规定预付的款项。企业应当设置“预付账款”科目，核算预付账款的增减变动及其结存情况。预付款项情况不多的企业，可以不设置“预付账款”科目，而直接通过“应付账款”科目核算。本科目期末借方余额，反映企业预付的款项；期末如为贷方余额，反映企业尚未补付的款项。

一、采购中预付账款的会计核算

企业根据购货合同的规定向供应单位预付款项时，借记“预付账款”科目，贷记“银行存款”科目。企业收到所购物资，按应计入购入物资成本的金额，借记“材料采购”或“原材料”“库存商品”“应交税费——应交增值税（进项税额）”等科目，贷记“预付账款”科目；当预付货款小于采购货物所需支付的款项时，应将不足部分补付，借记“预付账款”科目，贷记“银行存款”科目；当预付货款大于采购货物所需支付的款项时，对收回的多余款项应借记“银行存款”科目，贷记“预付账款”科目。

【例3-8】 某公司向A公司采购纺织用原材料一批，货款总额为10万元。按照合同约定，该公司需要向A公司预付货款的50%，待收到货物并验收后支付其余的货款。某公司应做如下会计处理：

（1）预付50%的货款时：

借：预付账款——A公司　　50 000

　　贷：银行存款　　50 000

（2）收到A公司发来的纺织材料之后，验收无误，增值税专用发票记载的货款为100 000元，增值税额为13 000元。A公司以银行存款补付所欠款项63 000元。

借：预付账款——A公司　　63 000

　　贷：银行存款　　63 000

借：原材料　100 000
　　应交税费——应交增值税（进项税额）　13 000
　　贷：预付账款——A 公司　113 000

说明：首先对补付的其余货款进行处理，然后对货物入库的业务再进行账务处理，如果是预付账款大于货款总额，则应该在收回多余的预付款时，借记“银行存款”科目，贷记“预付货款”科目。

假设，由于其他原因，A 公司只能提供 40 000 元的纺织用原材料，退回了多付的货款 4 800 元，则应进行以下的账务处理：

借：银行存款　4 800
　　贷：预付账款——A 公司　4 800

借：原材料　40 000
　　应交税费——应交增值税（进项税额）　5 200
　　贷：预付账款——A 公司　45 200

二、在建工程中预付账款的核算

企业进行在建工程预付的工程价款，借记“预付账款”，贷记“银行存款”等科目。按工程进度结算工程价款，借记“在建工程”科目，贷记本科目、“银行存款”等科目。

第四节　其他应收款

一、其他应收款的内容

其他应收款是指企业除应收票据、应收账款、预付账款等以外的其他各种应收及暂付款项。其主要内容包括：

（1）应收的各种赔款、罚款；

（2）应收出租包装物的租金；

（3）应向职工收取的各种垫付款项；

（4）备用金（向企业各职能部门、车间等拨出的备用金）；

（5）存出的保证金，如租入包装物支付的押金；

（6）预付账款转入；

（7）其他各种应收、暂付款项。

二、其他应收款的会计核算

为了反映其他应收账款的增减变动及其结存情况，企业应当设置“其他应收款”科目进行核算。“其他应收款”应按款项的类别进行项目分类，按不同的债务人设置明细账。企业应定期或者至少于每年年度终了，对其他应收款进行检查，预计其可能发生的坏账损失，并计提坏账准备。“其他应收款”科目的借方登记其他应收款的增加，贷方登记其他应收款的收回，期末余额一般在借方，反映企业尚未收回的其他应收款项。

（一）一般其他应收款的核算

企业发生其他各种应收款项时，应按应收金额借记“其他应收款”科目，贷记有关科目。收回各种款项时，借记有关科目，贷记“其他应收款”科目。企业拨出用于投资、购买物资的各种款项，不得通过“其他应收款”科目核算。

【例3-9】 某公司有一批库存的电子仪器发生毁损，这批库存物资已投保了企业财产险，按保险合同规定，应由保险公司赔偿损失110 000元，经现场勘查之后，保险公司同意按照约定赔偿，但赔款一周之后才能支付。该公司应做以下会计处理：

借：其他应收款——保险公司　　110 000

　　贷：库存商品　　110 000

待收到保险公司的赔款时：

借：银行存款　　110 000

　　贷：其他应收款——保险公司　　110 000

（二）其他应收款——备用金的核算

1. 备用金的概念

在其他应收款的核算中，备用金的核算比较常见。在很多企业的会计事务中，为了使频繁的日常小额零星支出摆脱常规的逐级审批及逐项签发支票的过繁手续，对那些供零星开支、零星采购或小额差旅费用等需用的现金，建立定额备用金制度加以控制。

2. 备用金的管理

（1）由会计部门核定金额，规定使用范围；

（2）必须设立专人经管定额备用金；

（3）支付零用现金时，必须由指定的负责人签字同意；

（4）经管人员必须妥善保管有关收据、发票及各种报销凭证，并设置备用金登记簿；

（5）按规定凭有关凭证向会计部门报销，补足定额。

3. 备用金的账务处理

（1）发放备用金时：

借：其他应收款——×××

　　贷：现金（银行存款）

（2）定期报销时：

借：管理费用

　　贷：现金（银行存款）

（3）年末收回时，如果备用金尚未用完：

借：库存现金（银行存款）

　　贷：其他应收款——×××

如果备用金已经用完，尚有费用没报销时：

借：管理费用

　　贷：现金

　　　　其他应收款——×××

第五节　应收款项减值

企业应当在资产负债表日对应收款项的账面价值进行检查，有客观证据表明该应收款项发生减值的，应当将该应收款项的账面价值减记至预计未来现金流量现值，减记的金额确认减值损失，计提坏账准备。

一、应收款项减值损失的确认

企业确认应收款项减值时，应遵循财务报告的目标和会计核算的基本原则，具体分析各种应收款项的特性、金额的大小、信用期限、债务人的信誉和当时的经营情况等因素。一般来讲，企业的应收款项符合下列条件之一的，应确认为应收款项减值：

（1）债务人死亡，以其遗产清偿后仍然无法收回；

（2）债务人破产，以其破产财产清偿后仍然无法收回；

（3）债务人较长时期内未履行其偿债义务，并有足够的证据表明无法收回或收回的可能性极小。

企业应当定期或者至少于每年年度终了，分析各项应收款项的可收回性，预计可能产生的应收款项减值损失。对没有把握能够收回的应收款项，计提应收款项减值准备。

企业坏账准备的计提范围包括应收账款、其他应收款，企业的预付账款如有确凿证据表明其不符合预付账款性质，或者因供货单位破产、撤销等原因已无望再收到所购货物的，应当将原计入预付账款的金额转入其他应收款，并按规定计提坏账准备。企业持有的未到期应收票据，如有确凿证据证明不能收回或收回的可能性不大时，应将其账面余额转入应收账款，并计提相应的坏账准备。

应当指出，对已确认为坏账的应收账款，并不意味着企业放弃了追索权，一旦重新收回，应及时入账。

在确定坏账准备的计提比例时，企业应根据以往的经验、债务单位的实际财务状况和现金流量等相关信息予以合理估计。除有确凿证据表明该项应收款项不能收回或收回的可能性不大外（如债务单位已撤销、破产、资不抵债、现金流量严重不足、发生严重的自然灾害等导致停产而在短时间内无法偿付债务等，以及 3 年以上的应收款项），下列各种情况不能全额提取坏账准备：

（1）当年发生的应收款项；

（2）计划对应收款项进行重组；

（3）与关联方发生的应收款项；

（4）其他已逾期，但无确凿证据表明不能收回的应收款项。

二、应收款项减值损失的估算

企业进行坏账核算时，首先应按期估计坏账损失。估计坏账损失的方法有应收款项余额百分比法、账龄分析法和销货百分比法等。

（一）应收款项余额百分比法

应收款项余额百分比法，是根据会计期末应收款项的余额和估计的坏账率，估计坏账损失，计提坏账准备的方法。按此计算的数额为下年度应保留的坏账准备金额，因此，实际提取数并不一定等于计算出的应提数，提取时需考虑提取前该账户的余额，但年末提取后该账户余额一定在贷方，即计算出的应保留坏账准备金数。

（1）如为借方余额，则表示原先提取的坏账准备金没能足额冲销已发生的坏账，需在提取时补提，实际提取数等于应提取数加上借方余额数。

（2）如为贷方余额，则需区分以下两种情况：

①原贷方余额大于应提数，表示原坏账准备金过多，应冲销多余数。

②原贷方余额小于应提数，则应补提不足部分。

【例3－10】 某企业从2×18年开始计提坏账准备。2×18年年末应收账款余额为1 200 000元，该企业坏账准备的提取比例为5‰。则计提的坏账准备为：

坏账准备提取额＝1 200 000×5‰＝6 000（元）

借：资产减值损失　　6 000

　　贷：坏账准备　　6 000

2×19年11月，企业发现有1 600元的应收账款无法收回，按有关规定确认为坏账损失。

借：坏账准备　　1 600

　　贷：应收账款　　1 600

2×18年12月31日，该企业应收账款余额为1 440 000元。按本年年末应收账款余额应保持的坏账准备金额（坏账准备的余额）为：

1 440 000×5‰＝7 200（元）

年末计提坏账准备前，“坏账准备”科目的贷方余额为：

6 000－1 600＝4 400（元）

本年度应补提的坏账准备金额为：

7 200－4 400＝2 800（元）

有关账务处理如下：

借：资产减值损失　　2 800
　　贷：坏账准备　　2 800

2×20 年 5 月 20 日，接银行通知，企业上年度已冲销的 1600 元坏账又收回，款项已存入银行。有关账务处理如下：

借：应收账款　　1 600
　　贷：坏账准备　　1 600

借：银行存款　　1 600
　　贷：应收账款　　1 600

2×20 年 12 月 31 日，企业应收账款余额为 1 000 000 元。

本年末坏账准备余额应为：

1 000 000×5‰=5 000（元）

至年末，计提坏账准备前的“坏账准备”科目的贷方余额为：

7 200+1 600=8 800（元）

本年度应冲销多提的坏账准备金额为：

8 800－5 000=3 800（元）

有关账务处理如下：

借：坏账准备　　3 800
　　贷：资产减值损失　　3 800

（二）账龄分析法

账龄分析法，是根据应收款项账龄的长短来估计坏账的方法。账龄是指顾客所欠账款的时间。采用这种方法，企业利用账龄分析表所提供的信息，确定坏账准备金额。确定的方法按各类账龄分别估计其可能成为坏账的部分。

【例 3－11】 某企业 2×19 年 12 月 31 日应收账款账龄及估计坏账损失如表 3－4 所示，该企业 2×19 年 12 月 31 日估计的坏账损失为 2 400 元，所以，“坏账准备”科目的账面余额应为 2 400 元。

假设在估计坏账损失前，“坏账准备”科目有贷方余额 1 000 元，则该企业还应计提 1 400 元（2 400－1 000）。有关账务处理如下：

借：资产减值损失　　　　1 400

　　贷：坏账准备　　　　1 400

再假设在估计坏账损失前，“坏账准备”科目有贷方余额2 600元，则该企业应冲减200元（2 600－2 400）。有关账务处理如下：

借：坏账准备　　　　200

　　贷：资产减值损失　　　　200

表3－4　账龄分析表

应收账款账龄	应收账款金额	估计损失（%）	估计损失金额
未到期	60 000	0.5	300
过期1个月	40 000	1	400
过期2个月	30 000	2	600
过期3个月	20 000	3	600
过期3个月以上	10 000	5	500
合计	160 000		2 400

（三）销货百分比法

销货百分比法，是指以赊销金额的一定百分比作为估计坏账的方法。企业可以根据过去的经验和有关资料，估计坏账损失与赊销金额之间的比率，也可用其他更合理的方法进行估计。

三、应收款项减值的会计核算

企业应当设置“坏账准备”科目，核算应收款项的坏账准备计提、转销等情况。企业当期计提的坏账准备应当计入资产减值损失。“坏账准备”科目的贷方登记当期计提的坏账准备金额，借方登记实际发生的坏账损失金额和冲减的坏账准备金额，期末余额一般在贷方，反映企业已计提但尚未转销的坏账准备。

表3－5列出了应收款项减值的会计核算所涉及的内容。

表3－5　应收款项减值会计核算的相关内容

项目	内容
坏账准备计算公式	当期应计提的坏账准备＝当期按应收款项计算应提坏账准备金额（或＋）贷方（或借方）余额－“坏账准备”科目应提坏账准备金额（或＋）贷方（或借方）余额
企业对坏账准备的会计核算原则	按应该减记的金额，借记“资产减值损失——计提的坏账准备”科目，贷记“坏账准备”科目。冲减多计提的坏账准备时，借记“坏账准备”科目，贷记“资产减值损失——计提的坏账准备”科目
对确实无法收回的应收款项的会计核算原则	按管理权限报经批准后作为坏账转销时，应当冲减已计提的坏账准备。已确认并转销的应收款项以后又收回的，应当按照实际收到的金额增加坏账准备的账面余额。企业发生坏账损失时，借记“坏账准备”科目，贷记“应收账款”“其他应收款”等科目
已确认并转销的应收款项以后又收回的会计核算原则	应当按照实际收到的金额增加坏账准备的账面余额。已确认并转销的应收款项以后又收回时，借记“应收账款”“其他应收款”等科目，贷记“坏账准备”科目；同时，借记“银行存款”科目，贷记“应收账款”“其他应收款”等科目也可以按照实际收回的金额，借记“银行存款”科目，贷记“坏账准备”科目

【例3－12】 2×18年12月31日，某公司对应收A公司的账款进行减值测试。应收账款余额合计为1 000 000元，某公司根据A公司的资信情况确定按10%计提坏账准备。2×18年年末计提坏账准备的会计分录为：

借：资产减值损失——计提的坏账准备　　100 000

　　贷：坏账准备　　100 000

（1）某公司2×19年对A公司的应收账款实际发生坏账损失30 000元。确认坏账损失时，应做如下会计处理：

借：坏账准备　　30 000

　　贷：应收账款　　30 000

（2）某公司 2×19 年本应收 A 公司的账款余额为 1 200 000 元，经减值测试，某公司决定仍按 10% 计提坏账准备。

根据某公司坏账核算方法，其“坏账准备”科目应保持的贷方余额为 120 000 元（1 200 000×10%）；计提坏账准备前，“坏账准备”科目的实际余额为贷方 70 000 元（100 000－30 000），因此本年末应计提的坏账准备金额为 50 000 元（120 000－70 000）。某公司应做如下会计处理：

借：资产减值损失——计提的坏账准备　　50 000
　　贷：坏账准备　　50 000

（3）某公司 2×20 年 4 月 20 日收到 2×11 年已转销的坏账 20 000 元，已存入银行。某公司应做如下会计处理：

借：应收账款　　20 000
　　贷：坏账准备　　20 000
借：银行存款　　20 000
　　贷：应收账款　　20 000

第四章 应付款项会计核算

第一节 短期借款的会计核算

短期借款是指企业为满足生产经营的需要，向银行或其他金融机构借入的、偿还期在1年以内的各种借款。

“短期借款”科目总括地反映企业短期借款的借入、归还和结余情况，该科目应按债权人户名和借款种类进行明细核算。

一、取得短期借款的核算

企业借入各种短期借款时，应借记“银行存款”等科目，贷记“短期借款”科目；归还短期借款时，应借记“短期借款”科目，贷记“银行存款”科目。

二、支付短期借款利息的核算

发生的短期借款利息应当直接计入当期财务费用，借记“财务费用”科目，作为期间费用进行会计处理；贷记“预提费用”“银行存款”等科目。

（1）若其数额不大，可于支付月份计入财务费用，即借记“财务费用”科目，贷记“银行存款”科目；

（2）若其数额较大，则应采用按月预提的办法，即各月末应借记“财务费用”科目，贷记“预提费用”科目，实际支付利息时，再借记“预提费用”科目，贷记“银行存款”科目。

三、偿还短期借款的核算

归还短期借款时，借记“短期借款”科目，贷记“银行存款”科目。

【例4-1】 某企业为了采购原料，于2×19年9月1日从银行取得期限为3个月、年利率6%的短期借款10万元，利息在偿还本金时一并归还；该企业对此项短期借款的利息支出，采用按月预提的办法。请对以上的经济业务编制会计分录：

(1) 取得借款时：

借：银行存款　　100 000

　　贷：短期借款　　100 000

(2) 每月末（9月、10月末）预提利息费用时：

每月应预提的利息 = 100 000 × 6% × 1/12 = 500（元）

借：财务费用　　500

　　贷：预提费用　　500

(3) 该项借款到期，按期归还本息时：

应归还的本息总和 = 100 000 + 500 × 3 = 101 500（元）

借：短期借款　　100 000

　　预提费用　　1 000

　　财务费用　　500

　　贷：银行存款　　101 500

第二节　应付票据

一、应付票据的概念

应付票据是指企业根据合同进行延期付款交易采用商业汇票结算时，所签发、承兑的商业汇票。“应付票据”科目总括反映和监督企业应付票据的发生、偿付等情况。该科目的贷方登记已承兑的商业汇票的面额，借方登记已到期付款的商业汇票的面额、转作应付账款或作借款处理的商业汇票的面额。

二、应付票据的账务处理

和应付票据相关的业务主要包括企业开出票据进行支付、票据到期支付现金以及票据到期后无资金进行支付三种情况。其主要的账务处理如表4－1所示。

表4－1 应付票据相关的业务情况及其账务处理方法

业务	情况分类	账务处理
企业开出票据进行支付	企业开出承兑商业汇票或以承兑汇票抵付货款	借记“原材料”“应付账款”“应交税费”等科目，贷记“应付票据”科目
	企业开出银行承兑汇票	除去以上处理，还应在支付银行承兑手续费时，借记“财务费用”科目，贷记“银行存款”科目
票据到期支付现金	无息票据	汇票到期付款时，借记“应付票据”科目，贷记“银行存款”科目
	带息票据	借记“应付票据”“财务费用”等科目，贷记“银行存款”科目
票据到期后，无资金进行支付	商业承兑汇票	将应付票据转为应付账款，借记“应付票据”科目，贷记“应付账款”科目
	银行承兑汇票	银行先代为付款，企业将不足部分转为短期借款，借记“应付票据”科目，贷记“银行存款”“短期借款”科目；在归还银行短期借款时，借记“短期借款”科目，贷记“银行存款”科目

为了加强对应付票据的管理，企业应当设置“应付票据备查簿”，详细登记每一应付票据的种类、号数、签发日期、到期日、票面金额、票面利率、合同交易号、收款人姓名或单位名称，以及付款日期和金额等资料。

应付票据到期结清时，应当在备查簿内逐笔注销。

【例4-2】 某公司出具一张期限为90天、票面金额为33 900元的不带息商业承兑汇票，向某供应单位购进原材料一批，其增值税发票上记载的货款金额为30 000元，增值税额为3 900元。请对以上的业务编制会计分录：

（1）购进原材料时：

借：原材料　30 000

　　应交税费——应交增值税（进项税额）　3 900

　　贷：应付票据　33 900

（2）票据到期，接到银行支付汇票款项的通知时：

借：应付票据　33 900

　　贷：银行存款　33 900

第三节 应付账款的会计核算

一、应付账款的概念

应付账款是指企业在经营过程中因购买商品、材料、物资或接受劳务而发生的待清偿的债务。

“应付账款”科目是用来总括反映企业应付账款的发生、偿还和结欠情况的科目，该科目的贷方登记发生的应付账款，借方登记偿还的应付账款、以商业汇票抵付的应付账款以及冲销无法支付的应付账款，贷方余额表示尚未偿还的应付账款。

“应付账款”科目在设立二级科目时，一般应按照债权单位进行明细核算。

二、应付账款的账务处理

表4-2列出了应付账款各种账务的处理方式。

表4－2　应付账款各种账务的处理方式

账务	处理方式
企业购入材料、物资等已验收入库，但货款尚未支付	1. 根据有关结算凭证，借记“原材料”和“应交税费”科目，贷记“应付账款”科目。 2. 若结算凭证未到，但考虑到结算凭证一般在短时间内即可到达，为了简化核算，可以暂不做会计分录，待收到结算凭证后，再按正常手续进行账务处理。 3. 但是，每月月末，对于那些结算凭证尚未到达的入库材料，则应按材料的暂估价格（合同价格或计划单位成本）计价入库，借记“原材料”等科目，贷记“应付账款”科目。这笔分录，在下月月初时应用红字冲回，以便下月结算凭证到达时，按正常程序进行核算
企业接受供应单位提供劳务而发生的应付未付款项	应根据供应单位的发票账单，借记有关的成本费用科目和“应交税费”科目，贷记“应付账款”科目
企业偿付应付账款	借记“应付账款”科目，贷记“银行存款”等科目
企业开出、承兑商业汇票抵付应付账款	借记“应付账款”科目，贷记“应付票据”科目

对于一些预付账款业务不多的企业，不单独设置“预付账款”科目的情况下，对于预付账款可以通过“应付账款”科目进行核算，即用“应付账款”科目同时核算企业应付账款和预付账款的增减变动和结果。在这种情况下，期末应根据“应付账款”科目所属各明细科目的余额的方向来分析判断其是预付账款还是应付账款，也就是该明细科目为借方余额，为预付账款；若该明细科目为贷方余额，则为应付账款。

【例4－3】 某公司5月30日从某厂购进原材料一批，增值税发票记载的货款金额为10 000元，增值税进项税额为1 300元，已验收入库，款项尚未支付。7月10日，某公司开出11 300元的转账支票一张，支付此笔购料款。请编制以上业务的会计分录。

（1）购买材料时：

借：原材料　　10 000

　　应交税费——应交增值税（进项税额）　　1 300

　　　贷：应付账款　　　　　　　　　　　　　　　　　　11 300

(2) 支付购料款时：

借：应付账款　　　　　　　　　　　　　　　　11 300

　　　贷：银行存款　　　　　　　　　　　　　　　　　　11 300

【例4-4】 某公司6月28日收到供货单位运来的新型材料10吨，发票和商品结算清单尚未到达，原材料已验收入库。6月30日时，发票账单仍未到，按每吨3 000元的暂估价入账，请编制以上业务的会计分录。

借：原材料　　　　　　　　　　　　　　　　　　30 000

　　　贷：应付账款　　　　　　　　　　　　　　　　　　30 000

以上分录7月1日以红字冲回，其会计分录如下：

借：原材料　　　　　　　　　　　　　　　　　　30 000

　　　贷：应付账款　　　　　　　　　　　　　　　　　　30 000

第四节　应付职工薪酬

一、应付职工薪酬应核算的内容

应付职工薪酬是指企业根据有关规定应付给职工的各种薪酬，包括职工工资、奖金、津贴和补贴，职工福利费，医疗、养老、失业、工伤、生育等社会保险费，住房公积金，工会经费，职工教育经费，非货币性福利等因职工提供服务而产生的义务。

从广义上讲，职工薪酬是企业必须付出的人力成本，是吸引和激励职工的重要手段。也就是说，职工薪酬既是职工对企业投入劳动获得的报酬，也是企业的成本费用。具体而言，职工薪酬主要包括如表4-3所示的内容。

表4-3 职工薪酬所包含的具体内容

薪酬类别	具体内容
职工工资、奖金、津贴和补贴	是指按照国家统计局《关于职工工资总额组成的规定》，构成工资总额的计时工资、计件工资、支付给职工的超额劳动报酬和增收节支的劳动报酬、为了补偿职工特殊或额外的劳动消耗和因其他特殊原则支付给职工的津贴，以及为了保证职工工资水平不受物价影响支付给职工的物价补贴等。 企业按规定支付给职工的加班加点工资，以及根据国家法律法规和政策规定，企业在职工因病、工伤、产假、计划生育假、婚丧假、事假、探亲假、定期休假。停工学习、执行国家或社会义务等特殊情况下，按照计时工资或计件工资标准的一定比例支付的工资，也属于职工工资范畴，在职工休假或缺勤时，不应当从工资总额中扣除
职工福利费	是指企业为职工集体提供的福利，如补助生活困难职工等
医疗保险费、养老保险费、失业保险费、工伤保险费和生育保险费等社会保险费	是指企业按照国家规定的基准和比例计算，向社会保险经办机构缴纳的医疗保险金、基本养老保险金、失业保险金、工伤保险费和生育保险费，以及根据《企业年金试行办法》《企业年金基金管理试行办法》等相关规定，向有关单位（企业年金基金账户管理人）缴纳的补充养老保险费。此外，以商业保险形式提供给职工的各种保险待遇也属于企业提供的职工薪酬
住房公积金	是指企业按照国家《住房公积金管理条例》规定的基准和比例计算，向住房公积金管理机构缴存的住房公积金
工会经费和职工教育经费	是指企业为了改善职工文化生活、提高职工业务素质用于开展工会活动和职工教育及职业技能培训，根据国家规定的基准和比例，从成本费用中提取的金额
非货币性福利	包括企业以自己的产品或其他有形资产发放给职工作为福利、企业向职工提供无偿使用自己拥有的资产（如提供给企业高级管理人员的汽车、住房等）以及企业为职工无偿提供商品或类似医疗保健的服务等
其他职工薪酬	比如，因解除与职工的劳动关系给予的补偿（又称辞退福利），即由于企业分离办社会职能、实施主辅分离、辅业改制等分流安置富余人员、实施重组、改组计划、职工不能胜任等原因，企业在职工劳动合同到期之前解除与职工的劳动关系，或者为鼓励职工自愿接受裁减而提出补偿建议的计划中给予职工的经济补偿（对于这些其他职工薪酬的内容，本书暂不涉及）

二、应付职工薪酬的核算

企业应当通过“应付职工薪酬”科目，核算应付职工薪酬的提取、结算、使用等情况。该科目贷方登记已分配计入有关成本费用项目的职工薪酬的数额，借方登记实际发放职工薪酬的数额；该科目期末贷方余额，反映企业应付未付的职工薪酬。“应付职工薪酬”科目应当按照“工资”“职工福利”“社会保险费”“住房公积金”“工会经费”“职工教育经费”“非货币性福利”等应付职工薪酬项目设置明细科目，进行明细核算。

（一）计算职工薪酬

进行应付职工薪酬的核算，首先要计算应付给职工的工资。计算应付职工工资时，应根据考勤记录、工时记录、产量记录、工资标准、工资等级、计件工资单件以及其他有关资料，计算应付给每一职工的工资数。在此基础上，再根据有关代扣款项凭证计算实际应发放给每一职工的金额。一般情况下，应按照部门分别编制“工资结算表”，企业可根据本单位的实际需要设计该表的格式与内容。“工资结算表”的一般格式如表4－4所示。

表4－4 部门工资结算表

所属部门： 2×19年××月 单位：元

序号	姓名	基本工资	浮动工资	津贴		应付工资	代扣款项		实发金额
				乘车补助	餐补		社会保险和公积金	个人所得税	
1									
2									
3									
4									
5									
6									
7									
合计									

为了总括反映整个企业对职工工资的结算情况，便于进行总分类核算，会计部门应根据按车间、部门编制的工资结算单，汇总编制“工资结算汇总表”，企业可根据本单位的实际需要设计该表的格式与内容。工资结算汇总表的常见格式如表 4－5 所示。

表 4－5　工资结算汇总表

2×19 年××月　　　　单位：元

车间、部门名称	计时工资	计件工资	应扣工资		综合奖金	应付工资	扣除款项		实发金额
			事假	病假			社会保险和公积金	个人所得税	
第一基本生产车间 其中：生产工人 管理人员									
第二基本生产车间 其中：生产工人 管理人员									
管理部门									
销售机构人员									
基建工程人员									
医院室内、托儿所									
长期病假人员									
合计									

（二）分配职工薪酬

1. 货币性职工薪酬

企业应当在职工为其提供服务的会计期间，根据职工提供服务的受益对象，将应确认的职工薪酬（包括货币性薪酬和非货币性福利）计入相关资产成本或当期损益，同时确认为应付职工薪酬。具体处理方式如表 4－6 所示。

表 4－6 职工薪酬的类别及处理方式

类别	处理方式
生产部门人员的职工薪酬	借记“生产成本”“制造费用”“劳务成本”等科目，贷记“应付职工薪酬”科目
管理部门人员的职工薪酬	借记“管理费用”科目，贷记“应付职工薪酬”科目
应由在建工程、研发支出负担的职工薪酬	借记“在建工程”“研发支出”科目，贷记“应付职工薪酬”科目
外商投资企业按规定从净利润中提取的职工奖励及福利基金	借记“利润分配——提取的职工奖励及福利基金”科目，贷记“应付职工薪酬”科目

企业在计量应付职工薪酬时，应当注意是否国家有相关的明确计提标准加以区别处理：一般而言，企业应向社会保险经办机构（或企业年金基金账户管理人）缴纳的医疗保险费。养老保险费、失业保险费、工伤保险费、生育保险费等社会保险费，应向住房公积金管理中心缴存的住房公积金，以及应向工会部门缴纳的工会经费等，国家（或企业年金计划）统一规定了计提基础和计提比例，应当按照国家规定的标准计提；而职工福利费等职工薪酬，国家（或企业年金计划）没有明确规定计提基础和计提比例，企业应当根据历史经验数据和实际情况，合理预计当期应付职工薪酬。当期实际发生金额大于预计金额的，应当补提应付职工薪酬；当期实际发生金额小于预计金额的，应当冲回多提的应付职工薪酬。

月份终了，应按照工资的用途，进行工资费用的分配。工资费用的分配，先由各车间根据工资结算凭证等编制工资费用分配表，会计部门根据各车间的工资费用分配表及其他部门发生的工资数，编制工资费用分配汇总表，据以进行总分配核算。工资费用分配汇总表的格式如表 4－7 所示。

表4-7 工资费用分配汇总表

2×19年×月 单位：元

车间部门 应借科目	第一基本生产车间	第二基本生产车间	管理部门	销售部门	基建部门	医院室托儿所	合计
生产成本							—
制造费用							—
管理费用							—
销售费用							—
在建工程							—
应付福利费							—
合计	—	—	—	—	—	—	—

【例4-5】 某企业本月应付工资总额462 000元，工资费用分配汇总表中列示的产品生产人员工资为320 000元，车间管理人员工资为70 000元，企业行政管理人员工资为60 400元，销售人员工资为11 600元。某企业的有关会计分录如下：

借：生产成本——基本生产成本 320 000
　　制造费用 70 000
　　管理费用 60 400
　　销售费用 11 600
　　贷：应付职工薪酬——工资 462 000

本例中，根据不同职工提供服务的受益对象不同，产品生产人员工资320 000元应记入"生产成本——基本生产成本"科目，车间管理人员工资70 000元应记入"制造费用"科目，行政管理人员工资60 400元应记入"管理费用"科目，销售人员工资11 600元应记入"销售费用"科目。

【例4-6】 某企业下设一所职工食堂，每月根据在岗职工数量及岗位分布情况、相关历史经验数据等计算需要补贴食堂的金额，从而确定企业每期因职工食堂而需要承担的福利费金额。2×19年11月，企业在岗职工共计100人，其中管理部门20人，生产车间80人，企业的历史经验数据表明，对于每个职工企业每月需补贴食堂120元。该企业的有关会计分录如下：

借：生产成本　　9 600

　　管理费用　　2 400

　　贷：应付职工薪酬——职工福利　　12 000

该企业应当提取的职工福利 = 120 × 100 = 12 000（元）

其中，生产车间职工相应的福利费9 600元应记入“生产成本”科目，管理部门职工相应的福利费2 400元应记入“管理费用”科目。

【例4-7】 根据国家规定的计提标准计算，某企业本月应向社会保险经办机构缴纳职工基本养老保险费共计64 680元，其中，应计入基本生产车间生产成本的金额为44 800元，应计入制造费用的金额为9 800元，应计入管理费用的金额为10 080元。该企业的有关会计分录如下：

借：生产成本——基本生产成本　　44 800

　　制造费用　　9 800

　　管理费用　　10 080

　　贷：应付职工薪酬——社会保险费（基本养老保险）　　64 680

2. 非货币性职工薪酬

企业以其自产产品作为非货币性福利发放给职工的，应当根据受益对象，按照该产品的公允价值，计入相关资产成本或当期损益，同时确认应付职工薪酬，借记“管理费用”“生产成本”“制造费用”等科目，贷记“应付职工薪酬——非货币性福利”科目。

将企业拥有的房屋等资产无偿提供给职工使用的，应当根据受益对象，将该住房每期应计提的折旧计入相关资产成本或当期损益，同时确认应付职工薪酬，借记“管理费用”“生产成本”“制造费用”等科目，贷记“应付职工薪酬——非货币性福利”科目，并且同时借记“应付职工薪酬——非货币性福利”科目，贷记“累计折旧”科目。

租赁住房等资产供职工无偿使用的，应当根据受益对象，将每期应付的租金计入相关资产成本或当期损益，并确认应付职工薪酬，借记“管理费用”“生产成本”“制造费用”等科目，贷记“应付职工薪酬——非货币性福利”科目。难以认定受益对象的非货币性福利，直接计入当期损益和应付职工薪酬。

【例4－8】 某公司为小家电生产企业，共有职工200名，其中170名为直接参加生产的职工，30名为总部管理人员。2×20年2月，该公司以其生产的每台成本为900元的电暖器作为春节福利发放给公司每名职工。该型号的电暖器市场售价为每台1 000元，该公司适用的增值税税率为13%。该公司的有关会计处理如下：

借：生产成本　　192 100

　　管理费用　　33 900

　　贷：应付职工薪酬——非货币性福利　　226 000

本例中，应确认的应付职工薪酬＝200×1 000×13%＋200×1 000＝226 000（元）

其中，应记入“生产成本”科目的金额＝170×1 000×13%＋170×1 000＝192 100（元）

总记入“管理费用”科目的金额＝30×1 000×13%＋30×1 000＝33 900（元）

【例4－9】 某公司为总部各部门经理级别以上职工提供汽车免费使用，同时为副总裁以上高级管理人员每人租赁一套住房。该公司总部共有部门经理以上职工20名，每人提供一辆桑塔纳汽车免费使用，假定每辆桑塔纳汽车每月计提折旧1 000元；该公司共有副总裁以上高级管理人员5名，公司为其每人租赁一套面积为200平方米带有家具和电器的公寓，月租金为每套8 000元。该公司的有关会计处理如下：

借：管理费用　　60 000

　　贷：应付职工薪酬——非货币性福利　　60 000

借：应付职工薪酬——非货币性福利　　20 000

　　贷：累计折旧　　20 000

本例中，该公司为总部各部门经理级别以上职工提供汽车免费使用，同时为副总裁以上高级管理人员租赁住房使用，根据受益对象，确认的应付职工薪酬应当计入管理费用。

应确认的应付职工薪酬 = 20 × 1 000 + 5 × 8 000 = 60 000（元）

其中，提供企业拥有的汽车供职工使用的非货币性福利 = 20 × 1 000 = 20 000（元）

租赁住房供职工使用的非货币性福利 = 5 × 8 000 = 40 000（元）

此外，该公司为副总裁以上高级管理人员租赁住房的，还应当按照该部分非货币性福利 40 000 元，借记“应付职工薪酬——非货币性福利”科目，贷记“其他应付款”科目。

（三）发放职工薪酬

（1）支付职工工资、奖金、津贴和补贴。企业按照有关规定向职工支付工资、奖金、津贴等，借记“应付职工薪酬——工资”科目，贷记“银行存款”“库存现金”等科目；企业从应付职工薪酬中扣还的各种款项（代垫的家属药费、个人所得税等），借记“应付职工薪酬”科目，贷记“银行存款”“库存现金”“其他应收款”“应交税费——应交个人所得税”等科目。

在实务中，企业一般在每月发放工资前，根据“工资结算汇总表”中“实发金额”栏的合计数向开户银行提取现金，借记“库存现金”科目，贷记“银行存款”科目，然后再向职工发放。

【例 4－10】 某企业根据“工资结算汇总表”结算本月应付职工工资总额为 462 000 元，代扣职工房租 40 000 元，企业代垫职工家属医药费 2 000 元，实发工资 420 000 元。某企业的有关会计处理如下：

（1）向银行提取现金：

借：库存现金	420 000	
贷：银行存款		420 000

（2）发放工资，支付现金：

借：应付职工薪酬——工资	420 000	
贷：库存现金		420 000

(3) 代扣款项：

借：应付职工薪酬——工资 42 000

　　贷：其他应收款——职工房租 40 000

　　　　　　　　——代垫医药费 2 000

本例中，企业从应付职工薪酬中代扣职工房租40 000元，扣还代垫职工家属医药费2 000元，应当借记“应付职工薪酬”科目，贷记“其他应收款”科目。

(2) 支付职工福利费。企业向职工食堂、职工医院、生活困难职工等支付职工福利费时，借记“应付职工薪酬——职工福利”科目，贷记“银行存款”“库存现金”等科目。

【例4-11】 2×19年9月，某企业以现金支付职工张某生活困难补助800元。该企业的有关会计分录如下：

借：应付职工薪酬——职工福利 800

　　贷：库存现金 800

(3) 支付工会经费、职工教育经费和缴纳社会保险费、住房公积金。企业支付工会经费和职工教育经费用于工会运作和职工培训，或按照国家有关规定缴纳社会保险费或住房公积金时，借记“应付职工薪酬——工会经费（或职工教育经费、社会保险费、住房公积金）”科目，贷记“银行存款”“库存现金”等科目。

【例4-12】 某公司以银行存款缴纳参加职工医疗保险的医疗保险费40 000元，该企业的有关会计分录如下：

借：应付职工薪酬——社会保险费 40 000

　　贷：银行存款 40 000

(4) 发放非货币性福利。企业以自产产品作为职工薪酬发放给职工时，应确认主营业务收入，借记“应付职工薪酬——非货币性福利”科目，贷记“主营业务收入”科目，同时结转相关成本，涉及增值税销项税额的，还应进行相应的处理。

企业支付租赁住房等资产供职工无偿使用所发生的租金，借记“应付职工薪酬——非货币性福利”科目，贷记“银行存款”等科目。

【例4-13】 某公司向职工发放电暖器作为福利，以上电暖器的成本价为180 000元，按该公司同种产品的售价，该批电暖器的总售价为200 000元，其销项税额为26 000元，同时要根据相关税收规定，视同销售计算增值税销项税额。该公司的有关会计处理如下：

借：应付职工薪酬——非货币性福利　　226 000
　　贷：主营业务收入　　200 000
　　　　应交税费——应交增值税（销项税额）　　26 000
借：主营业务成本　　180 000
　　贷：库存商品——电暖器　　180 000

该公司应确认的主营业务收入＝200×1 000＝200 000（元）

该公司应确认的增值税销项税额＝200×1 000×13%＝26 000（元）

该公司应结转的销售成本＝200×900＝180 000（元）

第五章　现金流量表

树立资金预算管理意识，要根据各部门年度资金预算，分别将现金流量预算细化到每季、每月、每旬、每周，资金预算管理以企业的现金流为核心，现金流量表反映企业在一定会计期间现金和现金等价物流入和流出的报表，了解现金流量表的结构、内容及编制过程，可以清楚地了解到企业在一定会计期间内的现金及现金等价物的流入和流出状况，为下一个会计期间资金预算管理的制定、实施和调整提供指导。因此本章主要介绍现金流量表的相关内容。

第一节　现金流量表概述

一、现金流量表的内容及结构

（一）现金流量表的内容

现金流量表是以收付实现制为编制基础，反映企业在一定会计期间内现金及现金等价物收入和支出情况的报表。从编制原则上看，现金流量表按收付实现制原则编制，将权责发生制下的盈利信息调整为收付实现制下的现金流量信息，便于信息使用者了解企业净利润的质量。从内容上看，现金流量表被划分为经营活动、投资活动和筹资活动三部分，每类活动又分为各具体项目，这些项目从不同角度反映企业业务活动的现金流入与流出，弥补了资产负债表和利润表提供资金信息的不足。通过现金流量表，报表使用者能够了解现金流量的影响因素，评价企业的支付能力、偿债能力和周转能力，预测企业未来现金流量，为其决策提供有力依据。

表 5－1 简单归纳了现金流量表的内容。

表 5－1　现金流量表的内容

项目	内容
基本定义	现金流量表是以收付实现制为编制基础，反映企业在一定会计期间内现金及现金等价物收入和支出情况的报表
编制原则	现金流量表按收付实现制原则编制，将权责发生制下的盈利信息调整为收付实现制下的现金流量信息，便于信息使用者了解企业净利润的质量
内容上	现金流量表被划分为经营活动、投资活动和筹资活动三部分，每类活动又分为各具体项目，这些项目从不同角度反映企业业务活动的现金流入与流出，弥补了资产负债表和利润表提供资金信息的不足

现金流量表是原先财务状况变动表或者资金流动状况表的替代物，它详细描述了由公司的经营、投资与筹资活动所产生的现金流。这张表由财务会计标准委员会于 1987 年批准生效，因而有时被称为 FASB95 号表。

现金流量表为我们提供了一家公司经营是否健康的证据。如果一家公司经营活动产生的现金流无法支付股利与保持股本的生产能力，从而它得用借款的方式满足这些需要，那么这就给我们一个警告，这家公司从长期来看无法维持正常情况下的支出。现金流量表通过显示经营中产生的现金流量的不足和不得不用借款来支付无法永久支撑的股利水平，从而揭示了公司内在的发展问题。

（二）现金流量表的结构

在现金流量表中，现金及现金等价物被视为一个整体，企业现金形式的转换不会产生现金的流入和流出。例如，企业从银行提取现金，是企业现金存放形式的转换，并未流出企业，不构成现金流量。同样，现金与现金等价物之间的转换也不属于现金流量，例如，企业用现金购买三个月到期的国库券。根据企业业务活动的性质和现金流量的来源，现金流量表在结构上将企业一定期间产生的现金流量分为三类：经营活动产生的现金流量、投资活动产生的现金流量和筹资活动产生的现金流量。现金流量表及补充资料的具体格式如表5－2、表5－3所示。

表5－2　现金流量表

会企03表

编制单位：2×19年××月　　　　单位：元

项目	本期金额	上期金额
一、经营活动产生的现金流量：		
销售商品、提供劳务收到的现金		
收到的税费返还		
收到其他与经营活动有关的现金		
经营活动现金流入小计		
购买商品、接受劳务支付的现金		
支付给职工以及为职工支付的现金		
支付的各项税费		
支付其他与经营活动有关的现金		
经营活动现金流出小计		
经营活动产生的现金流量净额		
二、投资活动产生的现金流量：		
收回投资收到的现金		
取得投资收益收到的现金		
处置固定资产、无形资产和其他长期资产收回的现金净额		
处置子公司及其他营业单位收到的现金净额		
收到其他与投资活动有关的现金		
投资活动现金流入小计		
购建固定资产、无形资产和其他长期资产支付的现金		
投资支付的现金		
取得子公司及其他营业单位支付的现金净额		
支付其他与投资活动有关的现金		
投资活动现金流出小计		
投资活动产生的现金流量净额		

续上表

项目	本期金额	上期金额
三、筹资活动产生的现金流量：		
吸收投资收到的现金		
取得借款收到的现金		
收到其他与筹资活动有关的现金		
筹资活动现金流入小计		
偿还债务支付的现金		
分配股利、利润或偿付利息支付的现金		
支付其他与筹资活动有关的现金		
筹资活动现金流出小计		
筹资活动产生的现金流量净额		
四、汇率变动对现金及现金等价物的影响		
五、现金及现金等价物净增加额		
加：期初现金及现金等价物余额		
六、期末现金及现金等价物余额		

表 5－3　现金流量表补充资料

补充资料	本期金额	上期金额
1. 将净利润调节为经营活动现金流量：		
净利润		
加：资产减值准备		
固定资产折旧、油气资产折耗、生产性生物资产折旧		
无形资产摊销		
长期待摊费用摊销		
处置固定资产、无形资产和其他长期资产的损失（收益以“－”号填列）		
固定资产报废损失（收益以“－”号填列）		
公允价值变动损失（收益以“－”号填列）		
财务费用（收益以“－”号填列）		

续上表

补充资料	本期金额	上期金额
投资损失（收益以“-”号填列）		
递延所得税资产减少（增加以“-”号填列）		
递延所得税负债增加（减少以“-”号填列）		
存货的减少（增加以“-”号填列）		
经营性应收项目的减少（增加以“-”号填列）		
经营性应付项目的增加（减少以“-”号填列）		
其他		
经营活动产生的现金流量净额		
2. 不涉及现金收支的重大投资和筹资活动：		
债务转为资本		
一年内到期的可转换公司债券		
融资租入固定资产		
3. 现金及现金等价物净变动情况：		
现金的期末余额		
减：现金的期初余额		
加：现金等价物的期末余额		
减：现金等价物的期初余额		
现金及现金等价物净增加额		

二、现金流量表的编制原则

现金流量表的编制应当遵循以下原则：

（1）分类反映原则。为了给会计报表使用者提供有关现金流量的信息，并结合现金流量表和其他财务信息对企业做出正确的评价，现金流量表应当提供企业经营活动、投资活动和筹资活动对现金流量的影响，即现金流量表应当分别反映经营活动产生的现金流量、投资活动产生的现金流量和筹资活动产生的现金流量的总额以及它们相抵后的结果。

（2）总额反映与净额反映灵活运用原则。为了提供企业现金流入和流出总额的信息，现金流量表一般应按照现金流量总额反映。一定时期的现金流量通常可按现金流量总额或现金流量净额反映。现金流量总额是指分别反映现金流入和流出总额，而不以现金流入和流出相抵后的净额反映；现金流量净额是指以现金流入和流出相抵后的净额反映，但现金流量以总额反映比以净额反映所提供的信息更为相关有用。因此，通常情况下，现金流量应以其总额反映。但是，下述情况可对现金流量以净额反映：一是某些金额不大的项目。例如，企业处置固定资产发生的现金收入和相关的现金支出可以相抵后以净额列示。二是不反映企业自身的交易或事项的现金流量项目。例如，证券公司代收客户的款项用于交割买卖证券的款项，期货交易所接受客户交割实物的款项等；又如，银行吸收开户单位活期存款的承兑和偿付。这些项目不属于企业自身业务的现金流量项目，可以净额反映。

（3）合理划分经营活动、投资活动和筹资活动。经营活动、投资活动和筹资活动应当按照其概念进行划分，但有些交易或事项则不易划分，如利息收入和股利收入、利息支出和股利支出是作为经营活动，还是作为投资或筹资活动有不同的看法。在我国，依据人们的习惯理解，把利息收入和股利收入划为投资活动，把利息支出和股利支出划为筹资活动。某些现金收支可能具有多类现金流量的特征，所属类别需要根据特定情况加以确定。例如，实际缴纳的所得税，由于很难区分缴纳的是经营活动产生的所得税，还是投资或筹资活动产生的所得税，通常将其作为经营活动的现金流量。对于某些特殊项目，如自然灾害损失和保险索赔，若能分清属于固定资产损失的保险索赔，通常作为投资活动，流动资产损失的保险索赔，通常作为经营活动；若不能分清属于固定资产还是流动资产的保险索赔，通常归为经营活动的现金流量。因此，企业应当合理划分经营活动、投资活动和筹资活动，对于某些现金收支项目或特殊项目，应当根据特定情况和性质进行划分，分别归并到经营活动、投资活动和筹资活动类别中，并一贯性地遵循这一划分标准。

（4）外币现金流量应当折算为人民币反映。在我国，企业外币现金流量以及境外子公司的现金流量，以现金流量发生日的汇率或加权平均汇率折算。汇率变动对现金的影响作为调节项目，在现金流量表中单独列示。

（5）重要性原则。本来，不涉及现金的投资和筹资活动不应反映在现金流量表内，因为这些投资和筹资活动不影响现金流量，现金流量表中不反映不涉及现金的投资和筹资活动是与编制现金流量表的目的相一致的。但是，如果不涉及现金的投资和筹资活动数额很大，若不反映将会导致一个有理性的报表使用者产生误解并做出不正确的决策，这时，就需要在现金流量表中以某种形式恰当地予以揭示。在我国的《企业会计制度》中，对于不涉及现金的重要的投资和筹资活动是在现金流量表“补充资料”（或附注）中反映的。此外，重要性原则对现金流量表中各项目的编制也有很大影响。比如，“收到的租金”项目，如果企业此类业务不多，也可不设此项目，而将其纳入“收到的其他与经营活动有关的现金”之中。

三、现金流量表的填列方法

（一）经营活动产生的现金流量

经营活动是指企业投资活动和筹资活动以外的所有交易和事项。是根据企业的资源状况和所处的市场竞争环境对企业长期发展进行战略性规划和部署制定企业的远景目标和方针的战略层次活动，解决的是企业发展方向、发展战略问题，具有全局性和长远性。

各类企业由于行业特点不同，对经营活动的认定存在一定差异。对于工商企业而言，经营活动主要包括销售商品、提供劳务、购买商品、接受劳务、支付税费等。对于商业银行而言，经营活动主要包括吸收存款、发放贷款、同业存放、同业拆借等。对于保险公司而言，经营活动主要包括原保险业务和再保险业务等。对于证券公司而言，经营活动主要包括自营证券、代理承销证券、代理兑付证券、代理买卖证券等。

在我国，企业经营活动产生的现金流量应当采用直接法填列。直接法，是指通过现金收入和现金支出的主要类别列示经营活动的现金流量。

（二）投资活动产生的现金流量

投资活动是指企业长期资产的购建和不包括在现金等价物范围内的投资及其处置活动。长期资产是指固定资产、无形资产、在建工程、其他资产等持有期限在一年或一个营业周期以上的资产。这里所讲的投资活动，既包括实物资产投资，也包括金融资产投资。这里之所以将“包括在现金等价物范围内的投资”排除在外，是因为已经将包括在现金等价物范围内的投资视同现金。不同企业由于行业特点不同，对投资活动的认定也存在差异。例如，交易性金融资产所产生的现金流量，对于工商业企业而言，属于投资活动现金流量，而对于证券公司而言，属于经营活动现金流量。

（三）筹资活动产生的现金流量

筹资活动是指导致企业资本及债务规模和构成发生变化的活动。这里所说的资本，既包括实收资本（股本），也包括资本溢价（股本溢价）；这里所说的债务，是指对外举债，包括向银行借款、发行债券以及偿还债务等。通常情况下，应付账款、应付票据等商业应付款属于经营活动，不属于筹资活动。

此外，对于企业日常活动之外的、不经常发生的特殊项目，如自然灾害损失、保险赔款、捐赠等，应当归并到相关类别中，并单独反映。比如，对于自然灾害损失和保险赔款，如果能够确指，属于流动资产损失，应当列入经营活动产生的现金流量；属于固定资产损失，应当列入投资活动产生的现金流量。

（四）汇率变动对现金及现金等价物的影响

编制现金流量表时，应当将企业外币现金流量以及境外子公司的现金流量折算成记账本位币。外币现金流量以及境外子公司的现金流量，应当采用现金流量发生日的即期汇率或按照系统合理的方法确定的、与现金流量发生日即期汇率近似的汇率折算。汇率变动对现金的影响额应当作为调节项目，在现金流量表中单独列报。

汇率变动对现金的影响，是指企业外币现金流量及境外子公司的现金流量折算成记账本位币时，所采用的是现金流量发生日的汇率或按照系统合理的方法确定的、与现金流量发生日即期汇率近似的汇率，而现金流量表“现金及现金等价物净增加额”项目中外币现金净增加额是按资产负债表日的即期汇率折算的。这两者的差额即为汇率变动对现金的影响。

在编制现金流量表时，对当期发生的外币业务，也可不必逐笔计算汇率变动对现金的影响，可通过现金流量表补充资料中“现金及现金等价物净增加额”数额与现金流量表中“经营活动产生的现金流量净额”“投资活动产生的现金流量净额”“筹资活动产生的现金流量净额”三项之和比较，其差额即为“汇率变动对现金的影响额”。

（五）现金流量表补充资料

除现金流量表反映的信息外，企业还应在附注中披露将净利润调节为经营活动现金流量、不涉及现金收支的重大投资和筹资活动、现金和现金等价物的构成等信息。

1. 将净利润调节为经营活动现金流量

现金流量表采用直接法反映经营活动产生的现金流量，同时，企业还应采用间接法反映经营活动产生的现金流量。间接法，是指以本期净利润为起点，通过调整不涉及现金的收入、费用、营业外收支以及经营性应收应付等项目的增减变动，调整不属于经营活动的现金收支项目，据此计算并列报经营活动产生的现金流量的方法。在我国，现金流量表补充资料应采用间接法反映经营活动产生的现金流量情况，以对现金流量表中采用直接法反映的经营活动现金流量进行核对和补充说明。

采用间接法列报经营活动产生的现金流量时，需要对四大类项目进行调整：（1）实际没有支付现金的费用；（2）实际没有收到现金的收益；（3）不属于经营活动的损益；（4）经营性应收应付项目的增减变动。

2. 不涉及现金收支的重大投资和筹资活动

不涉及现金收支的重大投资和筹资活动，反映企业一定期间内影响资产或负债但不形成该期现金收支的所有投资和筹资活动的信息。这些投资和筹资活动虽然不涉及现金收支，但对以后各期的现金流量有重大影响，例如，企业融资租入设备，将形成的负债计入“长期应付款”账户，当期并不支付设备款及租金，但以后各期必须为此支付现金，从而在一定期间内形成了一项固定的现金支出。

企业应当在附注中披露不涉及当期现金收支、但影响企业财务状况或在未来可能影响企业现金流量的重大投资和筹资活动，主要包括：（1）债务转为资本，反映企业本期转为资本的债务金额；（2）一年内到期的可转换公司债券，反映企业一年内到期的可转换公司债券的本息；（3）融资租入固定资产，反映企业本期融资租入的固定资产。

3. 现金和现金等价物的构成

企业应当在附注中披露与现金和现金等价物有关的下列信息：（1）现金和现金等价物的构成及其在资产负债表中的相应金额；（2）企业持有但不能由母公司或集团内其他子公司使用的大额现金和现金等价物金额。企业持有现金和现金等价物金额但不能被集团使用的情形多种多样，例如，国外经营的子公司，由于受当地外汇管制或其他立法的限制，其持有的现金和现金等价物，不能由母公司或其他子公司正常使用。

四、编报现金流量表的意义

现金流量表是反映企业一定期间现金流入和现金流出的会计报表，编制这张表的意义如下：

（一）弥补了资产负债信息量的不足

资产负债表是利用资产、负债、所有者权益三个会计要素的期末余额编制的；利润表是利用收入、费用、利润三个会计要素的本期累计发生额编制的（收入、费用无期末余额，利润结转下期）。唯独资产、负债、所有者权益三个会计要素的发生额原先没有得到充分的利用，没有填入会计报表。会计资料一般是发生额与本期净增加额（期末、期初余额之差或期内发生额之差），本期发生额说明变动的原因，期末余额说明变动的结果。本期的发生额与本期净增加额得不到合理的运用，不能不说是一个缺憾。

资产负债表的平衡公式可写成：现金 = 负债 + 所有者权益 − 非现金资产。这个公式告诉我们，现金的增减变动受公式右边因素的影响，负债、所有者权益的增加（减少）导致现金的增加（减少），非现金资产的减少（增加）导致现金的增加（减少），现金流量表中的内容尤其是采用间接法时即利用资产、负债、所有者权益的增减发生额或本期净增加额填报的。这样，账簿的资料得到充分利用，现金变动原因的信息得到充分揭示。

（二）便于从现金流量的角度对企业进行考核

对一个经营者来说，如果没有现金而缺乏购买与支付能力是致命的，企业的经营者由于管理的要求亟需了解现金流量信息。另外，在当前商业信誉存有诸多问题的情况下，与企业有密切关系的部门与个人投资者、银行、财税、工商等不仅需要了解企业的资产、负债、所有者权益的结构情况与经营结果，更需要了解企业的偿还支付能力，了解企业现金流入、流出及净流量信息。

利润表的利润是根据权责发生制原则核算出来的，权责发生制贯彻递延、应计、摊销和分配原则，核算的利润与现金流量是不同步的。利润表上有利润，但银行户上没有钱的现象经常发生。近几年来，随着大家对现金流量的重视，根据权责发生制原则编制的利润表不能反映现金流量成为一个很大的缺陷。但是企业也不能因此废权责发生制而改为收付实现制，因为收付实现制也有很多不合理的地方，历史证明企业不能采用。在这种情况下，坚持权责发生制原则进行核算的同时，编制收付实现制的现金流量表，不失为"熊掌"与"鱼"兼得两全其美的方法。现金流量表划分经营活动、投资活动、筹资活动，按类说明企业一个时期流入多少现金，流出多少现金及现金流量净额。从而可以了解现金从哪里来到哪里去，损益表上的利润为什么没有变动等，从现金流量的角度对企业做出更加全面合理的评价。

（三）了解企业筹措现金、生成现金的能力

如果把现金比作企业的血液，企业想取得新鲜血液的办法有以下两个：

（1）为企业输血，即通过筹资活动吸收投资者投资或借入现金。吸收投资者投资，企业的受托责任增加；借入现金负债增加，今后要还本付息。在市场经济的条件下，没有"免费使用"的现金，企业输血后下一步要付出一定的代价。

（2）企业自己生成血液，在经营过程中取得利润，企业要想生存发展，就必须获利，利润是企业现金来源的主要渠道。通过现金流量表可以了解经过一段时间经营，企业的内外筹措了多少现金，自己生成了多少现金。筹措的现金是按计划用到企业扩大生产规模、购置固定资产、补充流动资金上，还是被经营方侵蚀掉了。企业筹措现金，生产现金的能力，是企业加强经营管理合理使用调度资金的重要信息，是其他两张报表所不能提供的。

（四）在实际工作中的局限性

以经营活动产生的现金流量净额为标准评价企业偿还能力在实际工作中的局限性，很多书刊认为经营活动产生的现金流量净额是评价企业偿还能力的重要指标，如以下公式：短期偿债能力流动比率＝经营活动产生的现金流量净额/流动负债总额，短期偿债能力流动比率越大，偿还能力越强，但是我们认为这个公式是看条件的，不具有普遍意义。采用这个公式首先是资金市场比较成熟，有随时可以抛售或转换的有价证券，短期有价证券是现金的等价物，是企业现金的一种转换形式，有一定的收益性，企业现金比较充裕时，可作为储藏手段。这一条我们是应具备的，尤其是广大的农村基层，资金市场非常单一，主要依赖银行。把钱存在银行里收益率很低，持有量过多是一种浪费，现金不能变成有一定收益的等价物，存量就不能增加，另外企业应有一定的自有资金，以应对瞬息万变的经济形势。在这种情况下，企业可按交易性需要、预防性需要和投资性需要持有一定数量的现金。如果企业自有资金较少，负债率高，往往依赖银行贷款维持生产经营，在这种情况下，即使贷到款，也会因为偿还多种欠款所剩无几，无法购买生产必需的原材料等。

第二节 现金流量表的编制方法和程序

一、直接法和间接法

编制现金流量表时，列报经营活动现金流量的方法有两种：一种是直接法；另一种是间接法。在直接法下，一般以利润表中的营业收入为起算点，调节与经营活动有关项目的增减变动，然后计算出经营活动产生的现金流量。在间接法下，将净利润调节为经营活动现金流量，实际上是将按权责发生制原则确定的净利润调整为现金净流入，并剔除投资活动和筹资活动对现金流量的影响。

采用直接法编报的现金流量表，便于分析企业经营活动产生的现金流量的来源和用途，预测企业现金流量的未来前景；采用间接法编报的现金流量表，便于将净利润与经营活动产生的现金流量净额进行比较，了解净利润与经营活动产生的现金流量差异的原因，从现金流量的角度分析净利润的质量。所以，我国《企业会计准则》规定，企业应当采用直接法编报现金流量表，同时要求在附注中提供以净利润为基础调节到经营活动现金流量的信息。

表 5 -4 总结了列报经营活动现金流量所用的直接法和间接法的具体内容。

表5-4　直接法、间接法的具体内容

项目	内容	优点
直接法	一般以利润表中的营业收入为起算点，调节与经营活动有关项目的增减变动，然后计算出经营活动产生的现金流量	便于分析企业经营活动产生的现金流量的来源和用途，预测企业现金流量的未来前景
间接法	将净利润调节为经营活动现金流量，实际上是将按权责发生制原则确定的净利润调整为现金净流入，并剔除投资活动和筹资活动对现金流量的影响	便于将净利润与经营活动产生的现金流量净额进行比较，了解净利润与经营活动产生的现金流量差异的原因，从现金流量的角度分析净利润的质量

二、工作底稿法、T型账户法和分析填列法

在具体编制现金流量表时，可以采用工作底稿法或T型账户法，也可以根据有关科目记录分析填列。

1. 工作底稿法

采用工作底稿法编制现金流量表，是以工作底稿为手段，以资产负债表和利润表数据为基础，对每一项目进行分析并编制调整分录，从而编制现金流量表。工作底稿法的程序如下：

第一步，将资产负债表的期初数和期末数过入工作底稿的期初数栏和期末数栏。

第二步，对当期业务进行分析并编制调整分录。编制调整分录时，要以利润表项目为基础，从“营业收入”开始，结合资产负债表项目逐一进行分析。在调整分录中，有关现金和现金等价物的事项，并不直接借记或贷记现金，而是分别计入“经营活动产生的现金流量”“投资活动产生的现金流量”“筹资活动产生的现金流量”有关项目，借记表示现金流入，贷记表示现金流出。

第三步，将调整分录过入工作底稿中的相应部分。

第四步，核对调整分录，借方、贷方合计数均已经相等，资产负债表项目期初数加减调整分录中的借贷金额以后，也等于期末数。

第五步，根据工作底稿中的现金流量表项目部分编制正式的现金流量表。

2. T 型账户法

采用T型账户法编制现金流量表，是以T型账户为手段，以资产负债表和利润表数据为基础，对每一项目进行分析并编制调整分录，从而编制现金流量表。T型账户法的程序如下：

第一步，为所有的非现金项目（包括资产负债表项目和利润表项目）分别开设T型账户，并将各自的期末、期初变动数过入各该账户。如果项目的期末数大于期初数，则将差额过入和项目余额相同的方向；反之，过入相反的方向。

第二步，开设一个大的“现金及现金等价物”T型账户，每边分为经营活动、投资活动和筹资活动三个部分，左边记现金流入，右边记现金流出。与其他账户一样，过入期末、期初变动数。

第三步，以利润表项目为基础，结合资产负债表分析每一个非现金项目的增减变动，并据此编制调整分录。

第四步，将调整分录过入各T型账户，并进行核对，该账户借贷相抵后的余额与原先过入的期末、期初变动数应当一致。

第五步，根据大的“现金及现金等价物”T型账户编制正式的现金流量表。

3. 分析填列法

分析填列法是直接根据资产负债表、利润表和有关会计科目明细账的记录，分析计算出现金流量表各项目的金额，并据以编制现金流量表的一种方法。

三、现金流量表编制示例

【例5－1】 WCM公司2×19年有关资料如下（增值税税率为13%）：

（1）本期主营业务收入为2 000万元；收回应收账款240万元；预收甲公司货款100万元。

（2）本期现购材料成本为1 400万元；支付去年应付账款100万元；预付材料供应商乙公司货款220万元。

(3) 本期发放的职工工资总额为200万元，其中生产经营及管理人员的工资140万元，奖金30万元；在建工程人员的工资24万元，奖金6万元，工资及奖金全部从银行提取现金发放。

(4) 本期所得税费用为320万元，未交所得税的年初数为240万元，年末数为200万元（无调整事项）。

(5) 为建造厂房，本期以银行存款购入固定资产200万元，支付增值税税额34万元。

(6) 购入股票200万股，每股价格5.2元，其中包含的已宣告但尚未领取的现金股利每股0.2元，作为短期投资核算。

(7) 到期收回长期债券投资，面值200万元，3年期，利率3%，一次还本付息。

(8) 对一台管理用设备进行清理，该设备账面原价240万元，已提折旧160万元，以银行存款支付清理费用4万元，收到变价收入26万元，该设备已清理完毕。

(9) 借入短期借款480万元，借入长期借款920万元，当年以银行存款支付利息60万元。

(10) 向股东支付上年现金股利100万元。

(11) 该企业期初现金及现金等价物为1 200万元。

各个现金流量项目的计算过程如下：

(1) “销售商品、提供劳务收到的现金”项目 =2 000×(1+13%)+240+100=2 600（万元）

(2) “购买商品、接受劳务支付的现金”项目 =1 400×(1+13%)+100+220=1 902（万元）

(3) “支付给职工以及为职工支付的现金”项目 =140+30+24+6=200（万元）

(4) “支付的各项税费”项目 =320+240−200=360（万元）

(5) “收回投资收到的现金”项目 =200（万元）

(6) “取得投资收益收到的现金”项目 =200×3%×3=18（万元）

(7) “处置固定资产、无形资产和其他长期资产收回的现金净额”项目 =26−4=22（万元）

(8) “购建固定资产、无形资产和其他长期资产支付的现金”项目 =

200 + 34 = 234（万元）

(9)“投资支付的现金”项目 = 200 × 5.2 = 1 040（万元）

(10)“取得借款收到的现金”项目 = 480 + 920 = 1 400（万元）

(11)“分配股利、利润或偿付利息支付的现金”项目 = 60 + 100 = 160（万元）

据此，WCM 公司编制的现金流量表如表 5 –5 所示。

表 5 5　现金流量表

编制单位：**WCM** 公司　　2 × 19 年度　　单位：元

项目	本期金额	上期金额
一、经营活动产生的现金流量：		
销售商品、提供劳务收到的现金	2 600	
收到的税费返还		
收到其他与经营活动有关的现金		
经营活动现金流入小计	2 600	
购买商品、接受劳务支付的现金	1 902	
支付给职工以及为职工支付的现金	200	
支付的各项税费	360	
支付其他与经营活动有关的现金		
经营活动现金流出小计	2 462	
经营活动产生的现金流量净额	138	
二、投资活动产生的现金流量：		
收回投资收到的现金	200	
取得投资收益收到的现金	18	
处置固定资产、无形资产和其他长期资产收回的现金净额	22	
处置子公司及其他营业单位收到的现金净额		

续上表

项目	本期金额	上期金额
收到其他与投资活动有关的现金		
投资活动现金流入小计	240	
购建固定资产、无形资产和其他长期资产支付的现金	234	
投资支付的现金	1 040	
取得子公司及其他营业单位支付的现金净额		
支付其他与投资活动有关的现金		
投资活动现金流出小计	1 274	
投资活动产生的现金流量净额	-1 034	
三、筹资活动产生的现金流量：		
吸收投资收到的现金		
取得借款收到的现金	1 400	
收到其他与筹资活动有关的现金		
筹资活动现金流入小计	1 400	
偿还债务支付的现金		
分配股利、利润或偿付利息支付的现金	160	
支付其他与筹资活动有关的现金		
筹资活动现金流出小计	160	
筹资活动产生的现金流量净额	1 240	
四、汇率变动对现金及现金等价物的影响		
五、现金及现金等价物净增加额	344	
加：期初现金及现金等价物余额	1 200	
六、期末现金及现金等价物余额	1 544	

第三节　现金流量表分析

现金流量表是以收付实现制为编制基础，反映企业在一定时期内现金收入和现金支出情况的报表。对现金流量表的分析，既要掌握该表的结构及特点，分析其内部构成，又要结合利润表和资产负债表进行综合分析，以求全面、客观地评价企业的财务状况和经营业绩。因此，现金流量表的分析可从以下几方面着手。

一、现金流量及结构分析

企业的现金流量由经营活动产生的现金流量、投资活动产生的现金流量和筹资活动产生的现金流量三部分构成。分析现金流量及其结构，可以了解企业现金的来龙去脉和现金收支构成，评价企业经营状况、创现能力、筹资能力和资金实力。

（一）经营活动产生的现金流量分析

（1）将销售商品、提供劳务收到的现金与购买商品、接受劳务付出的现金进行比较。在企业经营正常、购销平衡的情况下，比率大，说明企业的销售利润大，销售回款良好，创现能力强。例 5 – 1 中该公司的该比例为 266.84%，说明该公司的经营创现能力比较强。

（2）将销售商品、提供劳务收到的现金与经营活动流入的现金总额进行比较，可大致说明企业产品销售现款占经营活动流入的现金的比重有多大。例 5 – 1 中该公司销售商品、提供劳务收到的现金与经营活动流入的现金总额的比值为 100%，说明企业主营业务突出，营销状况良好。

（3）将本期经营活动现金净流量与上期比较，增长率越高，说明企业成长性越好。

（二）投资活动产生的现金流量分析

当企业扩大规模或开发新的利润增长点时，需要大量的现金投入，投资活动产生的现金流入量补偿不了流出量，投资活动现金净流量为负数，但如果企业投资有效，将会在未来产生现金净流入用于偿还债务，创造收益，企业不会有偿债困难。因此，分析投资活动现金流量，应结合企业目前的投资项目进行，不能简单地以现金净流入还是净流出来论优劣。

（三）筹资活动产生的现金流量分析

一般来说，筹资活动产生的现金净流量越大，企业面临的偿债压力也越大，但如果现金净流入量主要来自企业吸收的权益性资本，则不仅不会面临偿债压力，资金实力反而增强。因此，在分析时，可将吸收权益性资本收到的现金与筹资活动现金总流入比较，所占比重大，说明企业资金实力增强，财务风险降低。例5－1中该公司筹资活动现金流入均为取得借款收到的现金560 000元，筹资活动现金流出由偿还债务支出现金751 000元和分配股利、利润或偿付利息支出现金10 500元构成，筹资活动产生的现金流量净额为－201 500元，主要现金流出是由于偿还债务产生的，公司存在借款还债的可能。

（四）现金流量构成分析

首先，分别计算经营活动现金流入、投资活动现金流入和筹资活动现金流入占现金总流入的比重，了解现金的主要来源。一般而言，经营活动现金流入占现金总流入比重大的企业，经营状况较好，财务风险较低，现金流入结构较为合理。其次，分别计算经营活动现金支出、投资活动现金支出和筹资活动现金支出占现金总流出的比重，它能具体反映企业的现金用于哪些方面。一般来说，经营活动现金支出比重大的企业，其生产经营状况正常，现金支出结构较为合理。

表5－6对经营活动产生的现金流量分析做出了简要的归纳。

表5－6　经营活动产生的现金流量分析的具体内容

分类	操作	分析
经营活动产生的现金流量分析	1. 将销售商品、提供劳务收到的现金与购买商品、接受劳务付出的现金进行比较	在企业经营正常、购销平衡的情况下，比率大，说明企业的销售利润大，销售回款良好，创现能力强
	2. 将销售商品、提供劳务收到的现金与经营活动流入的现金总额进行比较	若该比率大，说明企业主营业务突出，营销状况良好
	3. 将本期经营活动现金净流量与上期比较	增长率越高，说明企业成长性越好

续上表

分类	操作	分析
投资活动产生的现金流量分析	分析投资活动现金流量，应结合企业目前的投资项目进行，不能简单地以现金净流入还是净流出来论优劣	当企业扩大规模或开发新的利润增长点时，会有大量的现金投入，投资活动产生的现金流入量补偿不了流出量，投资活动现金净流量为负数，但如果企业投资有效，将会在未来产生现金净流入用于偿还债务，创造收益，企业不会有偿债困难
筹资活动产生的现金流量分析	将吸收权益性资本收到的现金与筹资活动现金总流入进行比较	所占比重大，说明企业资金实力增强，财务风险降低
现金流量构成分析	1. 分别计算经营活动现金流入、投资活动现金流入和筹资活动现金流入占现金总流入的比重，了解现金的主要来源	一般来说，经营活动现金流入占现金总流入比重大的企业，经营状况较好，财务风险较低，现金流入结构较合理
	2. 分别计算经营活动现金支出、投资活动现金支出和筹资活动现金支出占现金总流出的比重	一般来说，经营活动现金支出比重大的企业，其生产经营状况正常，现金支出结构较为合理

二、现金流量表与利润表比较分析

利润表是反映企业一定期间经营成果的重要报表，它揭示了企业利润的计算过程和利润的形成过程。利润被看成是评价企业经营业绩及盈利能力的重要指标，但却存在一定的缺陷。利润是收入减去费用的差额，而收入费用的确认与计量是以权责发生制为基础，广泛地运用收入实现原则、费用配比原则、划分资本性支出和收益性支出原则等来进行的，其中包括很多的会计估计。尽管会计人员在进行估计时要遵循会计准则，并有一定的客观依据，但不可避免地要运用主观判断。而且，由于收入与费用是按其归属来确认的，不管是否实际收到或付出了现金，以此计算的利润常常使一个企业的盈利水平与其真实的财务状况不符。有的企业账面利润很大，看似业绩可观，而现金却入不敷出，举步维艰；而有的企业虽然巨额亏损，却现金充足，周转自如。所以，仅以利润来评价企业的经营业绩和获利能力有失偏颇。如能结合现金流量表所提供的现金流量信息，特别是经营活动现金净流量的信息进行分析，则较为客观全面。其实，利润和现金净流量是两个从不同角度反映企业业绩的指标，前者可称为应计制利润，后者可称为现金制利润。二者的关系，通过现金流量表的补充资料 2 揭示出来。具体分析时，可将现金流量表的有关指标与损益表的相关指标进行对比，以评价企业利润的质量。具体比较分析的内容如表 5－7 所示。

表 5－7　现金流量表与损益表比较分析的具体内容

比较项目	分析
1. 经营活动现金净流量与净利润比较[①]	该指标能在一定程度上反映企业利润的质量。也就是说，企业每实现 1 元的账面利润中，实际有多少现金支撑，比率越高，利润质量越高
2. 销售商品、提供劳务收到的现金与主营业务收入比较	该指标可以大致说明企业销售回收现金的情况及企业销售的质量。收现数所占比重大，说明销售收入实现后所增加的资产转换现金速度快、质量高
3. 分得股利或利润及取得债券利息收入所得到的现金与投资收益比较	该指标可大致反映企业账面投资收益的质量

① 注意：这一指标，只有在企业经营正常，既能创造利润又能赢得现金净流量时才可比，分析这一比率也才有意义。为了与经营活动现金净流量计算口径一致，净利润指标应剔除投资收益和筹资费用。

三、现金流量表与资产负债表比较分析

资产负债表是反映企业期末资产和负债状况的报表，运用现金流量表的有关指标与资产负债表的有关指标比较，可以更为客观地评价企业的偿债能力、盈利能力及支付能力。

（一）偿债能力分析

流动比率是流动资产与流动负债之比，而流动资产体现的是能在一年内或一个营业周期内变现的资产，包括许多流动性不强的项目，如呆滞的存货，有可能收不回的应收账款，以及本质上属于费用的待摊费用，待处理流动资产损失和预付账款等。它们虽然具有资产的性质，但事实上却不能再转变为现金，不再具有偿付债务的能力。而且，不同企业的流动资产结构差异较大，资产质量各不相同，因此，仅用流动比率等指标来分析企业的偿债能力，往往有失偏颇。可运用经营活动现金净流量与资产负债表相关指标进行对比分析，作为流动比率等指标的补充。具体内容为：

（1）经营活动现金净流量与流动负债之比。该指标可以反映企业经营活动获得现金偿还短期债务的能力，比率越大，说明偿债能力越强。

（2）经营活动现金净流量与全部债务之比。该比率可以反映企业用经营活动中所获现金偿还全部债务的能力，这个比率越大，说明企业承担债务的能力越强。

（3）现金（含现金等价物）期末余额与流动负债之比。这一比率反映企业直接支付债务的能力，比率越高，说明企业偿债能力越大。但由于现金收益性差，这一比率也并非越大越好。

（二）盈利能力及支付能力分析

由于利润指标存在的缺陷，因此，可运用现金净流量与资产负债表相关指标进行对比分析，作为每股收益、净资产收益率等盈利指标的补充。

（1）每股经营活动现金净流量与总股本之比。这一比率反映每股资本获取现金净流量的能力，比率越高，说明企业支付股利的能力越强。

（2）经营活动现金净流量与净资产之比。这一比率反映投资者投入资本创造现金的能力，比率越高，创现能力越强。

四、现金流量表中现金的含义

阅读现金流量表，首先应了解现金的概念。现金流量表中的现金是指库存现金、可以随时用于支付的存款和现金等价物。库存现金、可以随时用于支付的存款，一般就是资产负债表上“货币资金”项目的内容。准确地说，则还应剔除那些不能随时动用的存款，如保证金专项存款等。现金等价物是指在资产负债表上“短期投资”项目中符合以下条件的投资：

（1）持有的期限短；

（2）流动性强；

（3）易于转换为已知金额的现金；

（4）价值变动风险很小。

在我国，现金等价物通常是指从购入日至到期日在3个月或3个月以内能转换为已知现金金额的债券投资。

【例5-2】 某公司在编制2×19年中期现金流量表时，对于2×19年6月1日购入2×16年8月1日发行的期限为3年的国债，因购买时还有两个月到期，故该项短期投资可视为现金等价物。

五、现金流量净额与利润表的净利润不一致的原因

现金流量表中经营活动现金流量净额与利润表的净利润不一致的原因如下：

1. 影响利润的事项不一定同时发生现金流入、流出

【例5-3】 某公司本期的营业收入有8亿元，同时本期新增应收账款有7亿元，也就是说有7亿元的收入对方未付现。这种增加收入及利润但未发生现金流入的事项，是造成两者产生差异的原因之一。

有些收入，增加利润但未发生现金流入。有的上市公司对应收账款管理存在薄弱环节，未及时做好应收货款及劳务款项的催收与结算工作，也有的上市公司依靠关联方交易支撑其经营业绩，而关联方资金又不能及时到位。这些情况使企业的现金流入量减少，甚至使公司经营活动几乎没有现金流入，但经营总要支付费用、购买物资、交纳税金，发生各种现金流出，从而使经营活动现金流量净额出现负数，使公司的资金周转出现困难。应收账款不能收回，在一定程度上也暴露了所确认收入的风险问题。

有些成本费用，减少利润但并未伴随现金流出。例如，固定资产折旧、

无形资产摊销，只是按权责发生制、配比原则要求将这些资产的取得成本，在使用它们的受益期间合理分摊，并不需要付出现金。

2. 对现金流量分类的需要

净利润总括反映公司经营、投资及筹资三大活动的财务成果，而现金流量表上则需要分别反映经营、投资及筹资各项活动的现金流量。例如，支付经营活动借款利息，既减少利润又发生现金流出，但在现金流量表中将其作为筹资活动中现金流出列示，不作为经营活动现金流出反映。又如，转让短期债券投资取得净收益，既增加利润又发生现金流入，但在现金流量表中将其作为投资活动中现金流入列示，不作为经营活动现金流入反映。

上述两点是使经营活动现金流量净额与净利润产生差异的原因，其实也是现金流量表附注中要求披露的内容。利润表列示了公司一定时期实现的净利润，但未揭示其与现金流量的关系；资产负债表提供了公司货币资金期末与期初的增减变化，但未揭示其变化的原因；现金流量表如同桥梁沟通了上述两表的会计信息，使上市公司的对外会计报表体系进一步完善，向投资者与债权人提供更全面、有用的信息。

六、现金流量表的作用分析

一个正常经营的企业，在创造利润的同时，还应创造现金收益，通过对现金流入来源分析，就可以对创造现金能力做出评价，并可对企业未来获取现金能力做出预测。现金流量表所揭示的现金流量信息可以从现金角度对企业偿债能力和支付能力做出更可靠、更稳健的评价。企业的净利润是以权责发生制为基础计算出来的，而现金流量表是以收付实现制为基础的。通过对现金流量和净利润的比较分析，可以对收益的质量做出评价。投资活动是企业将一部分财力投入某一对象，以谋取更多收益的一种行为，筹资活动是企业根据财力的需求，进行直接或间接融资的一种行为，企业的投资与筹资活动和企业的经营活动密切相关，因此，对现金流量中所揭示的投资活动和筹资活动所产生的现金流入和现金流出信息，可以结合经营活动所产生的现金流量信息和企业净收益进行具体分析，从而对企业的投资活动和筹资活动做出评价。

七、现金流量表的缺陷

编制现金流量表的目的在于提供某一会计期间的现金赚取和支出信息，以反映企业现金周转的时间、金额及原因等情况，其公式可表述为："当期现金净增加额 = 经营现金净流量 + 投资现金净流量 + 筹资现金净流量。"

直观地看，现金流量表就是对比较资产负债表中"货币资金"期初、期末余额变动成因的详细解释。现金流量表编制方法较为复杂，这使大部分投资者很难充分理解、利用其信息，而且对其作用和不足也缺乏一种较为全面的认识。许多投资者对现金流量表抱有很大期望，认为"经营现金流量净额"可以提供比"净利润"更加真实的经营成果信息，或者它不太容易受到上市公司的操纵等。事实上，这些观点比较片面，主要原因在于：

（1）现金流量表的编制基础是现金制，即只记录当期现金收支情况，而不理会这些现金流动是否归属于当期损益。因此，企业的当期业绩与"经营现金流量净额"没有必然联系，更不论投资、筹资活动所引起的突发性现金变动了。另外，在权责发生制下，企业的利润表可以正常反映当期赊销、赊购事项的影响，而现金流量表则是排斥商业信用交易的。不稳定的商业回款及偿债事项使得"经营现金流量净额"比"净利润"数据可能出现更大的波动性。

（2）现金流量表只是一种"时点"报表，一种"货币资金"项目的分析性报表。因此，其缺陷与资产负债表很相似。显而易见，特定时点的"货币资金"余额是可以操纵的。例如，不少上市公司已经采用临时协议还款方式，在年末收取现金，年初又将现金拨还债务人。这样，企业年末现金余额剧增，而应收款项又大幅冲减，从而使资产负债表和现金流量表都非常好看，但现金持有的真实水平却没有变化。相反，在这种情况下，利润表受到的影响不大（除了当期坏账费用减少以外），仍能比较正确地反映当期经营成果。

（3）编制方法存在问题。尽管我国要求上市公司采用直接法编制现金流量表，但在无力进行大规模会计电算化改造和账务重整的现实条件下，这一目标是很难实现的。目前，绝大多数企业仍然采用间接法，通过对"净利润"数据的调整来计算"经营现金流量净额"，但这一方法的缺陷是非常明显的。在现行会计实务中，"经营现金流量净额"的计算最终取决于

“货币资金”的当期变动额，而不是每项业务的真实现金影响。例如，在其计算过程中，收回或核销前期应收款项的效果相同，都会增加“销售商品、劳务收到的现金”，这就很容易对投资者形成误导。在 2×19 年年报中，大规模准备计提导致上市公司平均净利润显著下滑，但现金流量情况却普遍好转，这一奇怪现象正是其编制方法缺陷的典型体现。我们甚至可以有把握地预测：完全相反的情况可能将在 2×20 年年报中出现。

第六章　最佳现金持有量

最佳现金持有量又称最佳现金余额，是指现金既满足生产经营的需要，又使现金使用的效率和效益最高时的现金最低持有量。即能够使现金管理的机会成本与转换成本之和保持最低的现金持有量。

就企业而言，最佳持有量意味着现金余额为零，但是，基于交易、预防、投机动机的要求，企业又必须保持一定数量的现金，企业能否保持足够的现金余额，对于降低或避免经营风险与财务风险具有重要意义。

确定最佳现金持有量的模式主要有成本分析模式、存货模式、现金周转模式及随机模式。

第一节　成本分析模式

一、成本分析模式的含义

成本分析模式是根据现金有关成本，分析预测其总成本最低时现金持有量的一种方法。运用成本分析模式确定最佳现金持有量时，假设不存在现金和有价证券的转换，因此不考虑交易成本，只考虑因持有一定量的现金而产生的机会成本及短缺成本，而不予考虑管理费用和转换成本，因为管理费用对于各种现金持有量的选取方案而言是固定的。这种模式下，最佳现金持有量，就是持有现金而产生的机会成本与短缺成本之和最小时的现金持有量。在成本分析模式下应分析机会成本、管理成本和短缺成本。

（一）机会成本

现金作为企业的一项资金占用，是有代价的，这种代价就是它的机会成本。假定某企业的资本成本为12%，年均持有100万元的现金，则该企业每年现金的机会成本为12万元（100×12%）。现金持有额越大，机会成本越高。企业为了经营业务，需要拥有一定的现金，付出相应的机会成本代价是必要的，但现金拥有量过多，机会成本代价大幅度上升，就不合算了。

（二）管理成本

企业拥有现金，会发生管理费用，如管理人员工资、安全措施费等，这些费用是现金的管理成本。管理成本是一种固定成本，与现金持有量之间无明显的比例关系。

（三）短缺成本

现金的短缺成本是因缺乏必要的现金、不能应付业务开支所需而使企业蒙受损失或为此付出的代价。现金的短缺成本随着现金持有量的增加而下降，随着现金持有量的减少而上升。

在成本分析模式中使机会成本、管理成本和短缺成本之和最小的现金持有量，就是最佳现金持有量。如果将以上三种成本线在一个图中展示，如图6－1所示，将三种成本相加就能得出持有现金总成本，找出最佳现金持有量：机会成本随着现金持有量的增加而增加，所以机会成本线向右上方倾斜；短缺成本随着现金持有量的增加而减少，所以短缺成本线向右下方倾斜；管理成本为固定值，因此管理成本线为平行于横轴的平行线；总成本为机会成本、短缺成本和管理成本之和，如图所示总成本线便是一条抛物线，该抛物线的最低点即为持有现金的最低总成本。超过这一点，机会成本上升的代价会大于短缺成本下降的好处；这一点之前，短缺成本上升的代价会大于机会成本下降的好处。这一点在横轴上的量，即是最佳现金持有量。

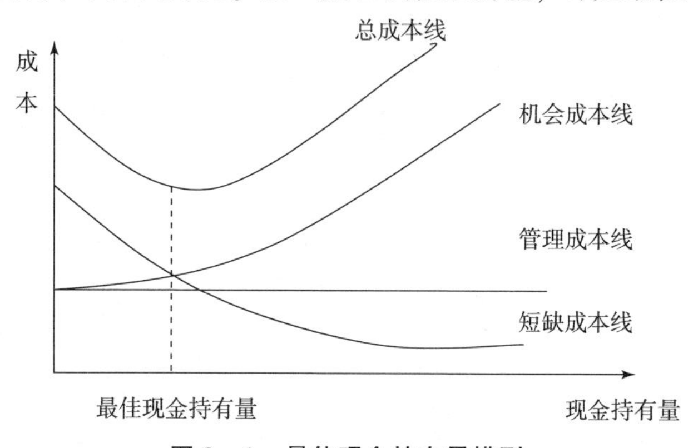

图6－1　最佳现金持有量模型

二、运用成本分析模式确定最佳现金持有量的步骤

（一）最佳现金持有量的确认方法

（1）数理法。在确认运用成本分析模式确认最佳现金持有量时，最精确的方法是根据机会成本和短缺成本与现金持有量的关系，分别确认机会成本和短缺成本关于现金持有量的函数，将机会成本和短缺成本函数相加得到总成本关于现金持有量的函数，通过求导求极值的方式确认最佳现金持有量。

（2）图解法。图解法是比较直观的方法，如图6－1所示，根据机会成本和短缺成本与现金持有量的关系可以得到机会成本线、短缺成本线及总成本线，可以得知当机会成本线和短缺成本线同等时，总成本最小。

（二）确定最佳现金持有量的步骤

（1）根据不同现金持有量测算并确定有关成本数值；

（2）按照不同现金持有量及其有关成本资料编制最佳现金持有量测算表；

（3）在测算表中找出总成本最低时的现金持有量，即最佳现金持有量。

在这种模式下，最佳现金持有量，就是持有现金而产生的机会成本与短缺成本之和最小时的现金持有量。

最佳现金持有量的具体计算如下：先分别计算出各种方案的机会成本、管理成本、短缺成本之和，再从中选出总成本之和最低的现金持有量，即为最佳现金持有量。

【例6－1】 甲公司有四种现金持有方案，它们各自的机会成本、管理成本、短缺成本如表6－1所示。

表6－1　现金持有方案　　单位：元

项目 \ 方案	1	2	3	4
现金持有量	25 000	50 000	75 000	100 000
机会成本	3 000	6 000	9 000	12 000
管理成本	20 000	20 000	20 000	20 000
短缺成本	12 000	6 750	2 500	0

注：机会成本率即该企业的资本收益率为12%。

这四种方案的总成本计算结果如表6－2所示。

表6－2　现金持有总成本　　单位：元

项目＼方案	1	2	3	4
机会成本	3 000	6 000	9 000	12 000
管理成本	20 000	20 000	20 000	20 000
短缺成本	12 000	6 750	2 500	0
总成本	35 000	32 750	31 500	32 000

由表6－2可知，方案1的总成本为35 000元，方案2的总成本为32 750元，方案3的总成本为31 500元，方案4的总成本为32 000元。从方案1到4，总成本随着现金持有量的增加先降低后增加，方案3的总成本最低。通过以上分析可知，甲公司的现金持有量为75 000元时，各方面的总成本最低，所以持有75 000元现金在四个方案中是甲公司的最佳选择。

第二节　存货模式

一、存货模式的含义

企业在日常经营活动中持有较多的现金，会降低现金的短缺成本，但同时也会增加占用现金的机会成本；相反平时持有较少的现金，则会增加现金的短缺成本，却能减少现金占用的机会成本。如果企业平时只持有较少的现金，在需要现金（如手头的现金用尽）时，通过出售有价证券换回现金（或从银行借入现金），就能既满足现金的需要避免短缺成本，又能减少机会成本。因此，适当的现金与有价证券之间的转换，是企业提高资金使用效率的有效途径，这与企业奉行的营运资金政策有关。但是，任意地进行有价证券与现金的转换，还是会加大企业的成本。因此，如何确定每次有价证券与现金的转换量是一个需要研究的问题。这可以应用现金持有量的存货模式解决。

现金持有量的存货模式又称鲍曼模型，是威廉·鲍曼提出的用以确定目标现金持有量的模型。在存货模式下，持有现金的成本由机会成本和证券变现交易成本构成。

企业每次以有价证券转换现金是要付出代价的（如支付经纪费用），这被称为现金的交易成本。现金的交易成本与现金转换次数、每次的转换量有关，假定现金每次的交易成本是固定的，在企业一定时期现金使用量确定的前提下，每次转换现金的金额越小，企业平时持有的现金量就越低，转换的次数会越多，现金的交易成本就越高；反之，每次以有价证券转换现金的金额越大，企业平时持有的现金量就越高，转换的次数就越少，现金的交易成本就越低。如此可知，现金的交易成本与现金的平时持有量成反比，这与现金短缺成本的性质是一致的。

在现金成本构成的图示上，可以将现金的交易成本与现金的短缺成本合并为同一条曲线，并不再考虑大体上固定不变的管理成本。这样，现金的成本构成可重新表现，如图 6－2 所示。

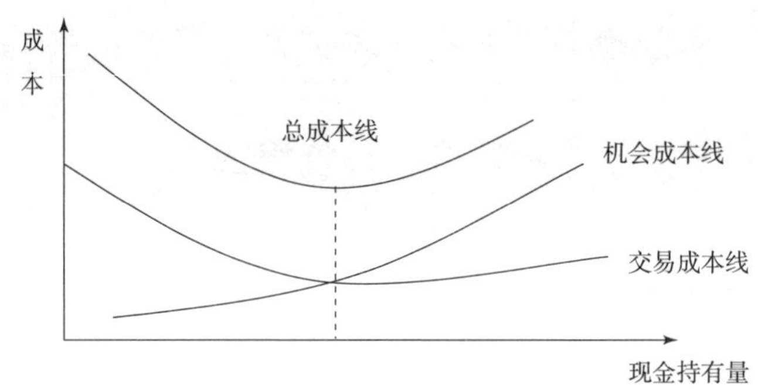

图 6－2　现金成本模型

在图 6－2 中，现金的机会成本线和交易成本线是两条随着现金持有量呈不同方向发展的曲线，两条曲线交叉点对应的现金持有量，即是总成本最低的现金持有量，它可以运用现金持有量存货模式求出。以下通过举例，说明现金持有量存货模式的应用。

二、存货模式应用的条件

运用存货模式确定最佳现金持有量时，是以下列假设为前提的：

（1）企业所需要的现金可通过证券变现取得，且证券变现的不确定性很小；

（2）企业预算期内现金需要总量可以预测；

（3）现金的支出过程比较稳定、波动较小，而且每当现金余额降至零时，均通过部分证券变现得以补足；

（4）证券的利率或报酬率以及每次固定性交易费用可以获悉。

如果这些条件基本得到满足，企业便可以利用存货模式来确定最佳现金持有量。

【例6－2】 某公司的现金使用量是均衡的，每周的现金净流出量为200 000元。若该企业第0周开始持有现金600 000元，那么这些现金够公司支用3周，在第3周结束时现金持有量将降为0，其3周内的平均现金持有量则为300 000元（600 000÷2）。第4周开始时，企业需将600 000元的有价证券转换为现金以备支用；待第6周结束时，现金持有量再次降为0，这3周内的现金平均余额仍为300 000元。如此循环，企业一段时期内的现金持有状况可表现为图6－3所示。

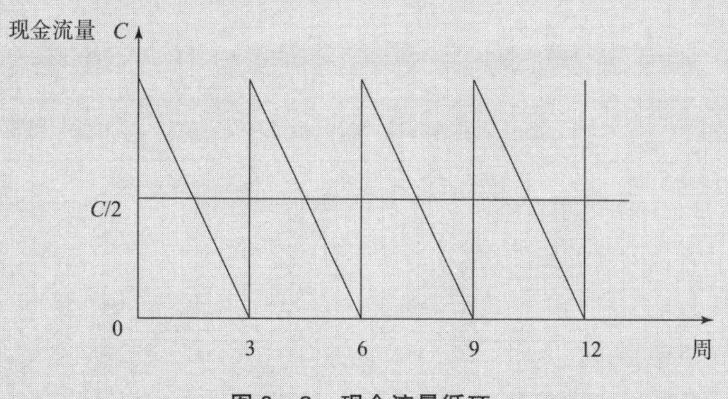

图6－3　现金流量循环

在图6－3中，每3周为一个现金使用的循环期，以C代表各循环期之初的现金持有量，以$C/2$代表各循环期内的现金平均持有量。

假设企业将C定得高些，比如定为1 200 000元。每周的现金净流出量仍为200 000元，这些现金将够支用6周，企业可以在6周后再出售有价证券补充现金，这能够减少现金的交易成本；但6周内的现金平均余额将增加为600 000元（1 200 000÷2），这又会增加现金的机会成本。

假设企业将 C 定得低些，比如定为400 000元。每周的现金净流出量还是200 000元，那么这些现金只够支用2周，企业必须频繁地每2周就出售有价证券，这必然会增加现金的交易成本；不过2周循环期内的现金平均余额可降为200 000元（400 000 ÷ 2），这降低了现金的机会成本。

于是，企业需要合理地确定 C，以使现金的使用总成本最低。解决这一问题先要明确三点：

第一，一定期间内的现金需求量，用 T 表示。

第二，每次出售有价证券以补充现金所需的交易成本，用 F 表示。一定时期内出售有价证券的总交易成本为：

$$交易成本 = (T/C) \times F$$

第三，持有现金的机会成本，即有价证券的利率，用 K 表示。一定时期内持有现金的总机会成本为：

$$机会成本 = (C/2) \times K$$

在例6－2中，企业一年的现金需求量为：200 000 × 52 = 10 400 000（元）。该企业有几种确定 C 的方案，每种方案对应的机会成本和交易成本分别如表6－3、表6－4所示。

表6－3　机会成本　　单位：元

初始现金持有量 C	平均现金持有量 $C/2$	机会成本（K=0.1）$(C/2) \times K$
1 200 000	600 000	60 000
800 000	400 000	40 000
600 000	300 000	30 000
400 000	200 000	20 000
200 000	100 000	10 000

表6－4　交易成本　　单位：元

现金总需求 T	初始现金持有量 C	交易成本（F=1 000）$(T/C) \times F$
10 400 000	1 200 000	8 667
10 400 000	800 000	13 000
10 400 000	600 000	17 333
10 400 000	400 000	26 000
10 400 000	200 000	52 000

计算出各种方案的机会成本和交易成本后，将它们相加，就可以得到各种方案的总成本。

该企业各种初始现金持有量方案的总成本如表 6-5 所示。

表 6-5　总成本　　单位：元

初始现金持有量	机会成本	交易成本	总成本
1200 000	60 000	8 667	68 667
800 000	40 000	13 000	53 000
600 000	30 000	17 333	47 333
400 000	20 000	26 000	46 000
200 000	10 000	52 000	62 000

由表 6-5 可知，当企业的初始现金持有量为 400 000 元时，现金总成本最低，以上结论是通过对各种初始现金持有量方案的逐次成本计算得出的。此外，也可以利用公式求出成本最低的现金持有量，这一现金持有量称为最佳现金持有量，以 C^* 表示。

从表 6-5 已经知道，最佳现金持有量 C^* 是机会成本线与交易成本线交叉点所对应的现金持有量，因此 C^* 应当满足：

机会成本等于交易成本，即：

$$(C^*/2) \times K = (T/C^*) \times F$$

整理后，可得出：

$$(C^*)^2 = (2T \times F)/K$$

等式两边分别取平方根，有：

$$C^* = \sqrt{(2T \times F)/K}$$

本例中，$T = 10\ 400\ 000$，$F = 1\ 000$，$K = 0.1$，利用上述公式即可计算出最佳现金持有量：

$$C^* = \sqrt{(2 \times 10\ 400\ 000 \times 1\ 000) \div 0.1} = 456\ 070\ (元)$$

为了验证这一结果的正确性，可以计算出比 456 070 元略高和略低的几种现金持有量的成本，比较它们的高低，详见表 6-6。

表6－6　总成本　　单位：元

初始现金持有量	机会成本	交易成本	总成本
465 000	16 750	15 522	45 616
460 000	16 500	15 758	45 609
456 070	16 125	16 125	45 607
400 000	15 500	16 774	45 611
395 000	15 250	17 049	45 621

表6－6说明，不论初始现金持有量高于还是低于456 070元，总成本都会升高，所以456 070元是最佳的现金持有量。现金持有量的存货模式是一种简单、直观地确定最佳现金持有量的方法，但它也有缺点，主要是假定现金的流出量稳定不变，实际上这很少有。相比而言，那些适用于现金流不确定的控制最佳现金持有量的方法，就显得更具普遍适用性。

第三节　现金周转模式

一、现金周转模式的含义

现金周转模式作为一种确定最佳现金持有量的计算方式，全面地描述了存货资金周转的过程，为准确地计算存货资金周转期提供了有效的依据。

现金周转模式是以现金周转期来确定最佳现金持有量的模式，它是现金从投入生产经营到最终再转化为现金的一个全过程。周转模式对现金收支比较均衡的企业适用。

影响现金周转模式的因素主要有以下三点：

（1）存货周转期；

（2）应收账款周转期；

（3）应付账款周转期。

二、现金周转模式的运用

用现金周转模式来计算最佳现金持有量，主要步骤如下：

（1）确定现金周转期。

现金周转期＝存货周转期＋应收账款周转期－应付账款周转期

（2）确定现金周转率。

现金周转率＝360/现金周转期

（3）确定最佳现金持有量。

最佳现金持有量＝年现金总需求量/现金周转率

其中，存货周转期是指将原材料转化成产成品并售出所需要的时间；应收账款周转期是指将应收账款转化为现金所需要的时间；应付账款周转期是指从收到尚未付款的材料开始到现金支出之间的时间。

【例6－3】 某公司预计全年需要用资金2 000万元，预计存货周转期为90天，应收应付款周转均为60天，现以现金周转模式计算最佳现金持有量。

（1）现金周转期＝存货周转期＋应收周转期－应付款周转期

＝90＋60－60＝90（天）

（2）现金周转率＝计算期天数/现金周转期

＝360/90＝4

（3）最佳现金持有量＝全年现金需求量/现金周转率

＝2 000/4＝500（万元）

第四节　随机模式

一、随机模式的含义

随机模式是在现金需求难以预知的情况下进行现金持有量控制的方法。对企业来讲，现金需求量往往波动大且难以预知，但企业可以根据历史经验和现实需要，测算出一个现金持有量的控制范围，即制定出现金持有量的上限和下限，将现金持有量控制在上下限之内。当现金持有量达到控制上限时，用现金购入有价证券，使现金持有量下降；当现金持有量降到控制下限时，则抛售有价证券换回现金，使现金持有量回升。若现金持有量在控制的上下限之间，就不必进行现金与有价证券的转换，保持它们各自的现有存量即可。这种对现金持有量的控制如图 6－4 所示。

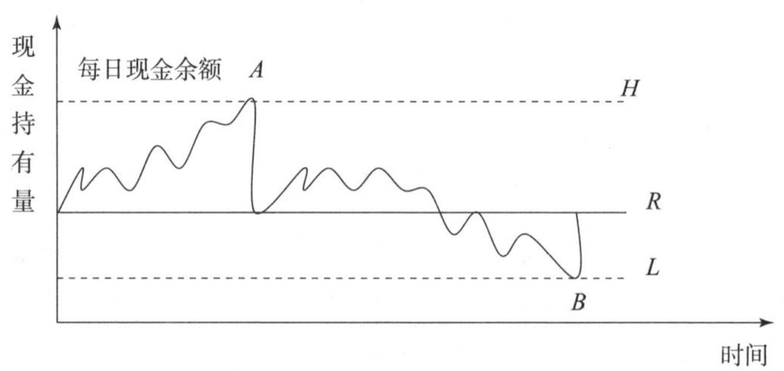

图 6－4　现金持有量控制范围

图 6－4 中，虚线 L 为现金持有量的下限，虚线 H 为现金持有量的上限，实线 R 为最优现金返回线。从图 6－4 可以看到，企业的现金存量（表现为现金每日余额）是随机波动的，当其达到 A 点时，即达到现金控制的上限，企业应用现金购买有价证券，使现金持有量回落到现金返回线（R 线）的水平；当现金持有量降至 B 点时，即达到现金控制的下限，企业应转让有价证券换回现金，使其存量回升至现金返回线的水平。现金存量在上下限之间的波动属于控制范围内的变化，是合理的，可不予理会。

以上关系中的上限 H、现金返回线 R 可按下列公式计算：

$$R = \sqrt[3]{\frac{3b\delta^2}{4i}} + L$$

$$H = 3R - 2L$$

式中：b 为每次有价证券的固定转换成本；i 为有价证券的日利息率；δ 为预期每日现金余额变化的标准差（可根据历史资料测算）。

二、随机模式的应用

随机模式的应用可以用例 6－4 进行说明。

【例6-4】　假定某公司有价证券的年利率为9%，每年固定转换成本为50元，公司认为任何时候其银行活期存款及现金余额均不能低于1 000元，又根据以往经验测算出现金余额波动的标准差为800元。则最优现金返回线 R、现金控制上限 H 的计算为：

$$有价证券日利率 = 9\% \div 360 = 0.025\%$$

$$R = \sqrt[3]{\frac{3b\delta^2}{4i}} + L = \sqrt[3]{\frac{3 \times 50 \times 800^2}{4 \times 0.025\%}} + 1\,000 = 5\,579(元)$$

$$H = 3R - 2L = 3 \times 5\,579 - 2 \times 1\,000 = 14\,737\ (元)$$

这样，当公司的现金余额达到14 737元时，即应以9 158元（14 737－5 579）的现金去投资于有价证券，使现金持有量回落至5 579元；当公司的现金余额降至1 000元时，则应转让4 579元（5 579－1 000）的有价证券，使现金持有量回升至5 579元，如图6－5所示。

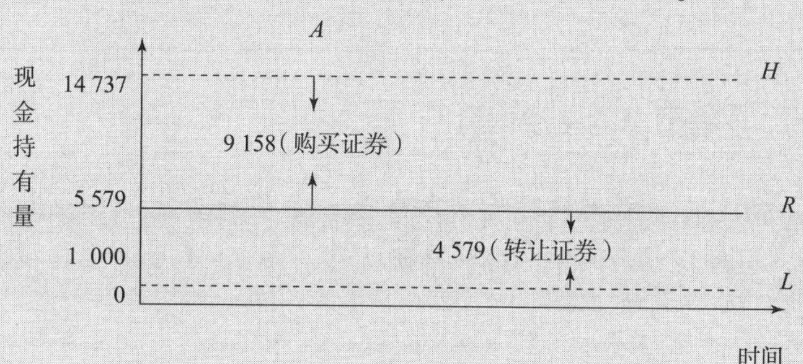

图6－5　现金持有量的控制

随机模式建立在企业的现金未来需求总量和收支不可预测的前提下，因此计算出来的最佳现金持有量比较保守。

三、随机模式的优点

如图6－5所示，这种模式设置有最高、最低线，认为只要现金存量在上下限之间波动都是合理的，可不用调整，这一点比成本分析模式、存货模式都强。成本分析模式和存货模式计算出来的都是一个固定不变的绝对值，任何一个企业都不可能将一年365天的现金都保持在相同的数额上。最低持有量 L 相当于保险储备量，这对发生突发事件时能有现金应对有重大意义。成本分析模式、存货模式都没有设置这部分现金持有量，如果发生突发事件，企业会束手无策。

第七章　全面预算与资金预算

第一节　全面预算的内容及作用

一、全面预算的主要内容

全面预算是由一系列预算构成的体系，各项预算之间相互联系、关系比较复杂，很难用一个简单的办法准确描述。图 7－1 反映了各预算之间的主要联系。

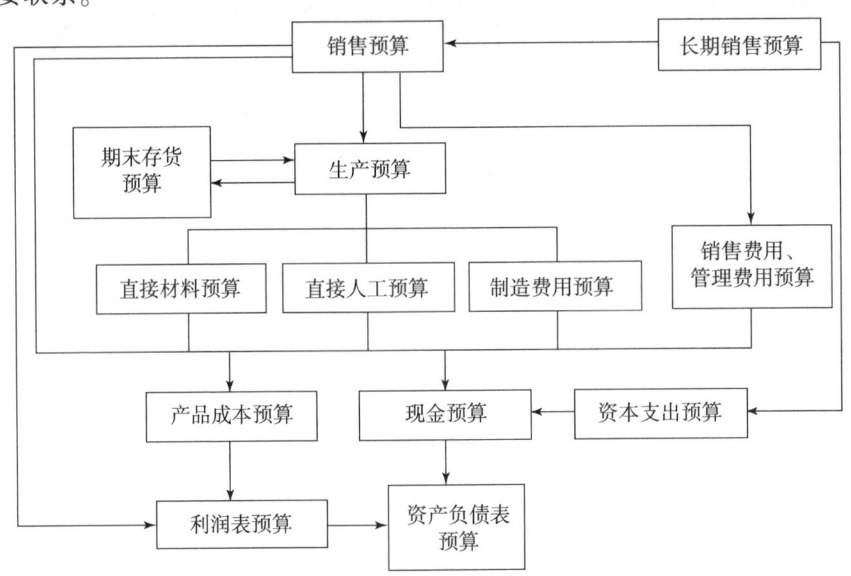

图 7－1　各预算之间的主要联系

企业应根据长期市场预测和生产能力，编制长期销售预算，以此为基础，确定本年度的销售预算，并根据企业财力确定资本支出预算。销售预算是年度预算的编制起点，根据“以销定产”的原则确定生产预算，同时确定所需要的销售费用。生产预算的编制，除了考虑计划销售量外，还要考虑现有存货和年末存货，根据生产预算来确定直接材料、直接人工和制造费用预算。产品成本预算和现金预算是有关预算的汇总。利润表预算和资产负债表预算是全部预算的综合。

全面预算按其涉及的预算期分为长期预算和短期预算。长期预算包括长期销售预算和资本支出预算，有时还包括长期资金筹措预算和研究与开发预算。短期预算是指年度预算，或者时间更短的季度或月度预算，如直接材料预算、现金预算等。通常，长期和短期的划分以 1 年为界限，有时把 2 ~ 3 年期的预算称为中期预算。

全面预算按其涉及的内容分为总预算和专门预算。总预算是指利润表预算和资产负债表预算，它们反映企业的总体状况，是各种专门预算的综合。专门预算是指其他反映企业某一方面经济活动的预算。

全面预算按其涉及的业务活动领域分为销售预算、生产预算和财务预算。前两个预算统称业务预算，用于计划企业的基本经济业务。财务预算是关于资金筹措和使用的预算，包括短期的现金收支预算和信贷预算，以及长期的资本支出预算和长期资金筹措预算。

二、全面预算的作用

企业预算是各级各部门工作的奋斗目标、协调工具、控制标准、考核依据，在经营管理中发挥着重大作用。

企业的目标是多重的，不能用唯一的数量指标来表达。企业的主要目标是盈利，但也要考虑社会的其他限制，因此，需要通过预算分门别类、有层次地表达企业的各种目标。企业的总目标，通过预算被分解成各级各部门的具体目标，它们根据预算安排各自的活动，如果各级各部门都完成了自己的具体目标，企业的总目标也就有了保障。预算中规定了企业一定时期的总目标以及各级各部门的子目标，可以动员全体职工为此而奋斗。

企业内部各级各部门必须协调一致，才能最大限度地实现企业的总目标，各级各部门因其职责不同，往往会出现互相冲突的现象。例如，企业的销售、生产、财务等各部门可以分别编出对自己来说是最好的计划，而该计划在其他部门不一定能行得通。销售部门根据市场预测，提出一个庞大的销售计划，生产部门可能没有那么大的生产能力；生产部门可以编制一个充分发挥生产能力的计划，但销售部门却可能无力将这些产品推销出去；销售和生产部门都认为应当扩大生产能力，财务部门可能认为无法筹集到必要的资金。企业预算运用货币度量来表达，具有高度的综合性，经过综合平衡以后，可以体现解决各级各部门冲突的最佳办法，可以使各级各部门的工作在此基础上协调起来。

计划一经确定，就进入了实施阶段，管理工作的重心转入控制过程，即设法使经济活动按计划进行。控制过程包括经济活动的状态的计量、实际状态和标准的比较、两者差异的确定和分析，以及采取措施调整经济活动等。预算是控制经济活动的依据和衡量其合理性的标准，当实际状态和预算有了较大差异时，要查明原因并采取措施。

现代化生产是许多共同劳动的过程，不能没有责任制度，而有效的责任制度离不开对工作成绩的考核。通过考核，对每个人的工作进行评价，并据此实行奖惩和人事任免，可以促使人们更好地工作。考核与不考核是大不一样的，当管理人员知道将根据他们的工作实绩来评价其能力并实行奖惩时，他们将会更努力地工作，超过上年或历史最高水平，只能说明有所进步，而不说明这种进步已经达到了应有的程度。由于客观条件的变化，收入减少或成本增加并不一定是管理人员失职造成的，很难依据历史变化趋势说明工作的好坏。当然，考核时也不能只看预算是否被完全执行了，某些偏差可能是有利的，如增加推销费用可能对企业总体有利；反之，年终突击花钱，虽未超过预算，但也不是一种好的现象。

为使预算发挥上述作用，除了要编制一个高质量的预算外，还应制定合理的预算管理制度，包括编制程序、修改预算的办法、预算执行情况的分析方法、调查和奖惩办法等。

三、营业预算

营业预算是企业日常营业活动的预算，企业的营业活动涉及供产销等各个环节及业务。营业预算包括销售预算、生产预算、直接材料预算、直接人工预算、制造费用预算、产品成本预算、销售和管理费用预算等。

（一）销售预算

销售预算是整个预算的编制起点，其他预算的编制都以销售预算为基础。销售预算的主要内容是销售量、单位售价和销售收入（见表7-1）。销售量是根据市场预测或销货合同并结合企业生产能力确定的，单价是通过价格决策确定的，销售收入是两者的乘积，在销售预算中计算得出。销售预算通常要分品种、分月份、分销售区域、分推销员来编制。

表7-1　销售预算　　单位：元

季度	一	二	三	四	全年
预计销售量（件）	100	150	200	180	630
预计单位售价	200	200	200	200	200
销售收入	20 000	30 000	40 000	36 000	126 000
预计现金收入					
上年应收账款	6 200				6 200
第一季度（销货20 000）	12 000	8 000			20 000
第二季度（销货30 000）		18 000	12 000		30 000
第三季度（销货40 000）			24 000	16 000	40 000
第四季度（销货36 000）				21 600	21 600
现金收入合计	18 200	26 000	36 000	37 600	117 800

销售预算中通常还包括预计现金收入的计算，其目的是为编制现金预算提供必要的资料。

（二）生产预算

生产预算是在销售预算的基础上编制的，其主要内容有销售量、期初和期末产成品存货、生产量（见表7-2）。通常，企业的生产和销售不能做到“同步同量”，需要设置一定的产成品存货，以保证能在发生意外需求时按时供货，并可均衡生产，节省赶工的额外支出。期末产成品存货数量通常按下期销售量的一定百分比确定，年初产成品存货是编制预算时预计的，年末产成品存货根据长期销售趋势来确定。

预计期末产成品存货＝下季度销售量×一定百分比

预计期初产成品存货 = 上季度期末产成品存货

预计生产量 =(预计销售量 + 预计期末产成品存货)- 预计期初产成品存货

表 7-2 生产预算 单位：件

季度	一	二	三	四	全年
预计销售量	100	150	200	180	630
加：预计期末产成品存货	15	20	18	20	20
合计	115	170	218	200	650
减：预计期初产成品存货	10	15	20	18	10
预计生产量	105	155	198	182	640

生产预算在实际编制时是比较复杂的，产量受到生产能力的限制，产成品存货数量受到仓库容量的限制，只能在此范围内来安排产成品存货数量和各期生产量。

（三）直接材料预算

直接材料预算，是以生产预算为基础编制的，同时要考虑原材料存货水平。

直接材料预算的主要内容有直接材料的单位产品材料用量、生产需用量、期初和期末存量等（见表 7-3）。“预计生产量”的数据来自生产预算，“单位产品材料用量”的数据来自标准成本资料或消耗定额资料，“生产需用量”是上述两项的乘积。年初和年末的材料存货量，是根据当前情况和长期销售预测估计的。各季度“期末材料存量”根据下季度生产量的一定百分比确定，各季度“期初材料存量”是上季度的期末存货。预计各季度“采购量”根据下式计算确定：

预计材料采购量 =(生产需用量 + 期末存量)- 期初存量

为了便于以后编制现金预算，通常要预计材料采购各季度的现金支出，每个季度的现金支出包括偿还上期应付账款和本期应支付的采购货款。本期材料采购的货款有一定比例在本季度内付清，另外的货款在以后季度付清。如果材料品种很多，需要单独编制材料存货预算。

表 7－3　直接材料预算

季度	一	二	三	四	全年
预计生产量（件）	105	155	198	182	640
单位产品材料用量（千克/件）	10	10	10	10	10
生产需用量（千克）	1 050	1 550	1 980	1 820	6 400
加：预计期末存量（千克）	310	396	364	400	400
合计	1 360	1 946	2 344	2 220	6 800
减：预计期初存量（千克）	300	310	396	364	300
预计材料采购量（千克）	1 060	1 636	1 948	1 856	6 500
单价（元/千克）	5	5	5	5	5
预计采购金额（元）	5 300	8 180	9 740	9 280	32 500
预计现金支出					
上年应付账款	2 350				2 350
第一季度（采购 5 300 元）	2 650	2 650			5 300
第二季度（采购 8 180 元）		4 090	4 090		8 180
第三季度（采购 9 740 元）			4 870	4 870	9 740
第四季度（采购 9 280 元）				4 640	4 640
合计	5 000	6 740	8 960	9 510	30 210

（四）直接人工预算

直接人工预算也是以生产预算为基础编制的。其主要内容有预计产量、单位产品工时、人工总工时、每小时人工成本和人工总成本（见表 7－4）。“预计产量”数据来自生产预算，单位产品工时和每小时人工成本数据来自标准成本资料，人工总工时和人工总成本是在直接人工预算中计算出来的。

表 7－4　直接人工预算

季度	一	二	三	四	全年
预计产量（件）	105	155	198	182	640
单位产品工时（小时/件）	10	10	10	10	10
人工总工时（小时）	1 050	1 550	1 980	1 820	6 400
每小时人工成本（元/小时）		2		2	2
人工总成本（元）	2 100	3 100	3 960	3 640	12 800

由于人工工资都需要使用现金支付，所以，不需另外预计现金支出，可直接参加现金预算的汇总。

（五）制造费用预算

制造费用预算通常分为变动制造费用和固定制造费用两部分（见表7－5）。变动制造费用以生产预算为基础来编制：如果有完善的标准成本资料，用单位产品的标准成本与产量相乘，即可得到相应的预算金额；如果没有标准成本资料，就需要逐项预计计划产量需要的各项制造费用。固定制造费用，需要逐项进行预计，通常与本期产量无关，按每季度实际需要的支付额预计，然后求出全年数。

为了便于以后编制产品成本预算，需要计算分配率。

$$变动制造费用分配率=\frac{变动制造费用总额}{分配标准}$$

表7－5　制造费用预算　　单位：元

季度	一	二	三	四	全年
变动制造费用：					
间接人工（1元/件）	105	155	198	182	640
间接材料（1元/件）	105	155	198	182	640
修理费（2元/件）	210	310	396	364	1280
水电费（1元/件）	105	155	198	182	640
小计	525	775	990	910	3 200
固定制造费用：					
修理费	1 000	1 140	900	900	3 940
折旧	1 000	1 000	1 000	1 000	4 000
管理人员工资	200	200	200	200	800
保险费	75	85	110	190	460
财产税	100	100	100	100	400
小计	2 375	2 525	2 310	2 390	9 600
合计	2 900	3 300	3 300	3 300	12 800
减：折旧	1 000	1 000	1 000	1 000	4 000
现金支出的费用	1 900	2 300	2 300	2 300	8 800

为了便于以后编制产品成本预算，需要计算小时费用率。

$$变动制造费用分配率=\frac{3\ 200}{6\ 400}=0.5(元/小时)$$

$$固定制造费用分配率=\frac{9\ 600}{6\ 400}=1.5(元/小时)$$

为了便于以后编制现金预算，需要预计现金支出。在制造费用中，除折旧费外都须支付现金，所以，根据每个季度制造费用数额扣除折旧费后，即可得出“现金支出的费用”。

（六）产品成本预算

产品成本预算，是销售预算、生产预算、直接材料预算、直接人工预算、制造费用预算的汇总，其主要内容是产品的单位成本和总成本。单位产品成本的有关数据，来自前述三个预算；生产量、期末存货量来自生产预算，销售量来自销售预算；生产成本、存货成本和销货成本等数据，根据单位成本和有关数据计算得出，如表7－6所示。

表7－6　产品成本预算

	单位成本			生产成本（640件）	期末存货（20件）	销货成本（630件）
	每千克或每小时	投入量	成本（元）			
直接材料	5	10千克	50	32 000	1 000	31 500
直接人工	2	10小时	20	12 800	400	12 600
变动制造费用	0.5	10小时	5	3 200	100	3 150
固定制造费用	1.5	10小时	15	9 600	300	9 450
合计			90	57 600	1 800	56 700

（七）销售和管理费用预算

销售费用预算，是指为了实现销售预算所需支付的费用预算。它以销售预算为基础，分析销售收入、销售利润和销售费用的关系，力求实现销售费用的最有效使用（见表7－7）。在安排销售费用时，要利用本量利分析方法，费用的支出应能获取更多的收益。在草拟销售费用预算时，要对过去的销售费用进行分析，考察过去销售费用支出的必要性和效果。销售费用预算应和销售预算相配合，应有按品种、按地区、按用途的具体预算数额。

表7－7 销售和管理费用预算 单位：元

项目	金额
销售费用：	
销售人员工资	2 000
广告费	5 500
包装、运输费	3 000
保管费	2 700
管理费用：	
管理人员薪金	4 000
福利费	800
保险费	600
办公费	1 400
合计	20 000
每季度支付现金(20 000 ÷ 4)	5 000

管理费用是搞好一般管理业务所必要的费用。随着企业规模的扩大，一般管理职能日益重要，其费用也相应增加。在编制管理费用预算时，要分析企业的业务成绩和一般经济状况，务必做到费用合理化。管理费用多属于固定成本，所以，一般是以过去的实际开支为基础，按预算期的可预见变化来调整。重要的是，必须充分考察每种费用是否必要，以便提高费用效率。

第二节 预测分析

一、预测分析概述

（一）预测分析的特征

1. 依据的客观性

预测分析是以客观准确的历史资料和合乎实际的经验为依据所进行的分析，而不是毫无根据的、纯主观的臆测。

2. 时间的相对性

预测分析事先应明确规定某项预测对象的时间期限范围。预测分析的时间越短，受到不确定因素的影响减小，预测结果越准确。反之，预测分析的时间越长，受到不确定因素的影响越大，则预测结果的精准性就相对越差。

3. 结论的可检验性

预测分析应考虑到可能产生的误差，且能够通过对误差的检验进行反馈，调整预测程序的方法，尽量减少误差。

4. 方法的灵活性

预测分析可灵活采用多种方法，在选择预测方法时，应事先进行试点测试，选择那些简便易行，成本低、效率高的一种或几种方法配套使用，才能达到事半功倍的效果。

（二）预测分析的内容

预测分析的内容包括销售预测、利润预测、成本预测和资金预测4个方面。

1. 销售预测

销售预测是其他各项预测的前提。是根据市场调查所得到的有关资料，通过有关因素的分析研究，预计和测算特定产品在一定期间内的市场销售量及变化趋势，进而预测本企业产品未来销售量的过程。

2. 利润预测

利润预测是指在销售预测的基础上，根据企业未来发展目标和其他相关资料，预计企业未来应达到和可望实现的利润水平及其变动趋势的过程。

3. 成本预测

成本预测是根据企业未来发展目标和其他相关资料，运用专门方法预计企业未来成本水平及发展趋势的过程。

4. 资金预测

资金预测是指在销售预测、利润预测和成本预测的基础上，根据企业未来经营发展目标并考虑影响资金额的各项因素，运用一定方法预计、推测企业未来一定时期内或一定项目所需要的资金数额、来源渠道、运用方向及其效果的过程。

（三）预测分析的步骤

1. 明确预算目的和内容

预测目的不同，预测的内容和项目所需要的资料以及运用的方法都会有所不同。根据经营活动的需要明确预测的具体要求，并根据具体要求拟定项目，制定预测计划以保证预测顺利进行。

2. 确定预测的对象

做好预测分析，必须首先确定预测对象，即确定预测分析的内容、范围，进而有针对性地做好各阶段性的预测工作。

3. 收集整理资料

要做好预测分析必须要有充分的资料，才能为预测分析提供进行分析的可靠数据。收集资料是进行预测分析的重要一环，是预测分析的基础性工作。收集资料应力求资料完整，资料越完整，预测结果越精确可靠。同时要对所收集的大量资料进行整理、归纳，找出与预测对象有关的各因素之间的相互依存关系。

4. 选择预测方法

不同的预测对象和内容，应选择不同的预测方法。尤其是用定量分析法进行预测时，必须根据预测目的和历史数据的变化类型来选择数据模型，确定各变量之间可能存在的联系，根据有关参数，建立预测模型，将有关数据带入预测模型，求得预测值。

5. 分析预测误差并修正预测值

任何方法的预测都不可能完全准确，特别是中、长期预测，尤其是根据数学模型计算出来的预测值可能没有将非计量因素考虑进去，这就需要对其进行修正，使预测值能切实为决策提供科学依据。

（四）预测分析的方法

1. 定性分析法

定性分析法又称非数量分析法、判断分析法或集合意见法，是指依靠预测人员丰富的实践经验和知识以及主观的分析能力，在考虑政治、经济形势、市场变化、经济政策、消费倾向等对经营影响的前提下，结合预测对象的特点进行综合分析，对事物的未来状况和发展趋势做出预测和推测的预测方法。

常见的定性分析法有判断分析法和调查分析法两大类。

(1) 判断分析法。是通过具有丰富经验的经营管理人员或知识渊博的经济专家，对企业一定期间特定产品的销售情况做出判断和预计的一种方法。包括：相关人员判断法、专家判断法（包括专家个人意见集合法、专家小组法、德尔菲法）等。

①相关人员判断法。由企业的销售人员、生产人员、管理人员根据经验，将特定预测对象的预测值填入卡片或表格，继而进行综合分析以完成预测。为了减少判断的片面性，企业往往组织多人对同一产品或市场进行预测判断，再将这些数据加以平均处理。

②专家判断法。由专家根据经验和判断能力进行分析、判断预测。其中：专家个人意见集合法是针对未来趋势先征求专家意见，然后加以综合确定预测值；德尔菲法是通过函询方式向各位专家分别征求意见，各个专家在互不影响的情况下，根据自己的方法和观点进行预测，然后由企业将各专家的意见汇合在一起，采用不记名的方式反馈给个专家，请他们参考别人的意见修正自己的判断，如此反复数次，最终确定预测结果。

（2）调查分析法。是指通过对实际情况的调查，了解变化趋势，从而进行预测。在调查时首先选择调查对象，调查对象要具有普遍性和代表性；其次确定调查方法，调查方法要简便易行；最后对调查所取得的数据与资料进行科学的分析。

2. 定量分析法

定量分析法又称数量分析法，是指在完整掌握与预测对象有关的各种要素定量资料的基础上，运用现代数学方法对有关的数据资料进行加工处理，据以建立能够反映有关变量之间规律性联系的各类预测模型的方法体系。

常见的定量分析法有趋势分析法和因果分析法。

（1）趋势分析法。又称时间序列分析法，是以某项指标过去的变化趋势作为预测的依据，将未来作为过去历史的延伸，即根据某项指标过去的、按发生时间的先后顺序排列的历史数据，应用一定的数学方法进行加工处理，找出随时间而发展变化的趋势，从而预测未来发展趋势的分析方法。常用的趋势分析法包括算术分析法、指数平滑法和时间序列外推法等。

（2）因果分析法。是指对某项指标和其他有关指标之间的规律性联系进行分析研究，将它们之间的规律性联系作为预测的依据。常见的因果分析法包括回归分析法、投入产出法和经济计量法等。

因果分析法最常用的方法是回归分析法，回归分析法又包括线性回归分析法、曲线回归分析法。在实际中，影响预测值的因素通常很多，既有企业外部因素，也有企业内部因素；既有客观因素，又有主观因素。在这些因素中，有些因素对预测值起着决定性的作用，回归分析法的原理就是找到与预测值相关的主要因素，建立回归方程描述它们之间的变化规律，利用这种变化规律来进行预测。

二、销售预测

销量预测又称产品需求量预测，是指根据有关资料，通过对相关因素的分析研究，预计和测算特定产品在未来一定时期内的市场销售量水平及变化趋势，进而预测本企业产品未来销售量的过程。

在市场经济条件下，实行以销定产，企业的各项经营活动和产品的销售密切相关。因而，在企业的预测系统中，销售预测处于先导地位，它对于指导利润预测、成本预测和资金预测，进而长短期决策，安排经营计划，组织生产等都起着重要作用。

（一）销售的定性预测

【例7－1】 判断分析法的运用——某公司有三名销售人员，每名预测者预计其销售量和概率如表7－8所示，计算总销售量预测值。

表7－8 销售人员预计销售量和概率

	销售量（件）	概率	销售量×概率
A销售人员预测			
最高	520	0.3	156
一般	400	0.5	200
最低	310	0.2	62
平均值			418
B销售人员预测			
最高	610	0.2	122
一般	500	0.6	300
最低	380	0.2	76
平均值			498

续上表

	销售量（件）	概率	销售量×概率
A 销售人员预测			C 销售人员预测
最高	550	0.2	110
一般	450	0.5	225
最低	350	0.3	105
平均值			440

总销售量预测值＝(418＋498＋440)÷3＝452(件)

【例7－2】 调查分析法的运用——某公司通过调查，对某地区销售量的预测如表7－9所示，计算总销售量预测值。

表7－9　某公司销售量调查结果计算　　单位：元

家庭年收入/万元	家庭户数/万户	每户年均购买量/罐	总需求量	本企业市场占有率/%	本企业销售量预测
5 以下	12	10	120	30	36
5～10	8	30	240	25	60
10～15	3	100	300	20	60
15～20	1	300	300	15	45
20 以上	0.2	500	100	5	5
合计	24.2	—	1 060	—	20

总销售量预测值＝36＋60＋60＋45＋5＝206(万罐)

（二）销售的定量预测

1. 趋势分析法

趋势分析法是指将时间作为制约对象变化的自变量，把未来作为历史的自然延续，按事物自身变化发展趋势进行预测的一种方法。趋势分析法主要包括平均分析法和时间序列外推法。

（1）平均分析法是指根据所掌握的特定预测对象若干时期的销售量历史资料，按照一定方法计算其平均值，已确定未来销售量。具体包括算术平均法、移动平均法、加权平均法、趋势平均法、指数平滑法等。

①算术平均法。是根据企业过去按时间顺序排列的销售量（或销售额）的历史数据，计算其平均数，以算术平均数作为销售量预测值的一种方法。其计算公式为：

$$销售量预测值=\frac{各期间销售量之和}{期数}$$

该方法的优点是计算公式比较简单；缺点是把不同时间的差异平均化，没有考虑销售业务量的变动对预测其销售量影响的程度不同，没有考虑到近期的变动趋势，可能造成预测结果产生较大的误差。

算术平均法通常适用于销售业务量比较稳定的产品进行预测。

②移动平均法。是从 n 期的时间数列销售量中选取一组 m 期的数据作为观察期数据，求其算术平均数，并不断向后移动，连续计算观测值平均数，以最后一组平均数作为未来销售预测值的一种方法。其计算公式为：

$$销售量预测值=\frac{最后\ m\ 期销售量之和}{m}$$

移动平均法的优点是能有效地消除预测中随机波动；缺点是期数 n 越大，平滑波动效果越好，但会使预测值对数据实际变动更不敏感，同时移动平均值不能很好地反映出趋势。

③加权平均法。是将若干历史时期的销售量或销售额作为观察值，将各个观察值与各自的权数相乘之积加总，然后除以权数之和，求出其加权平均数，以这一数字作为预测未来期间该变量预测值的一种趋势预测方法。按照各个观察值和预测值不同的相关程度分别规定适当的权数，是运用加权平均法进行销售预测的关键。当各个历史期的销售量呈现增减趋势时，为了体现这种增减趋势，可以将近期观察值的权数规定得大一些，计算公式为：

$$销售量预测值=\frac{\sum x_i\times w_i}{\sum w_i}$$

式中：x_i为各观测值；w_i为各观测值的对应权数。

加权平均法的优点是适当扩大近期实际销售量对未来期间销售量预测值的影响作用，但由于权数确定具有主观性和随意性，因此预测值存在一定的误差。

④趋势平均法。是指以最近若干时期的平均值为基础，来计算预测期预测值的一种方法。

销售量预测值 = 基期销售量移动平均值 + 基期趋势值移动平均值 × 基期与预测期的时间间隔

趋势平均法的特点是：没有特定的模式，只是通过移动平均，从而提供比随机系列较为平滑的趋势系列。趋势平均法用于销售预测，是假定未来时期的销售与它相接近时期销售的继续，可以用最近若干期的平均值作为计算预测期预测值的基础。

⑤指数平滑法。是在前期销售量的实际值和预测值的基础上，利用平滑指数预测未来销售量的一种方法。指数平滑法也是一种加权平均法，即以一个指标本身过去变化的趋势作为预测未来的依据，同时考虑实际值和预测值的影响。其计算公式如下：

$$S_t = \alpha X_{t-1} + (1 - \alpha) S_{t-1}$$

式中：S_t为 t 期上一期的销售量预测值；X_{t-1}为 t 期上一期的销售量实际值；α 是平滑系数，$0 < \alpha < 1$。

平滑系数 α 的取值越大，则近期实际销售量对预测结果的影响越大，一般取值范围为0.3～0.7，通常销售波动较大或要求进行短期预测，则应选择较大的平滑系数；反之，选择较小的平滑系数。

指数平滑法的优点是：第一，α 值的设定比较灵活方便，对不同时期的资料取不同的系数，更符合客观实际。第二，在不同程度上考虑以往所有各期的观察值。

（2）时间序列外推法。时间序列，也称时间数列或动态数列，是将某统计指标的数值按时间先后顺序排列所形成的数列。时间序列外推法就是通过编制和分析时间序列，根据时间序列所反映出来的发展过程、方向和趋势，进行类推或延伸，借以预测下一段时间或以后若干年内可能达到的水平。

时间序列外推法的步骤如下。

第一步：收集历史资料，加以整理，编成时间序列。时间序列分析通常把各种可能发生作用的因素进行分类，按各种因素的特点或影响效果分为四大类：①长期趋势；②季节变动；③循环变动；④不规则变动。

第二步：分析时间序列。时间序列中每一时期的数值都是有许多不同的因素同时作用后的结果。

第三步：求时间序列的长期趋势（T）、季节变动（S）和不规则变动（I）的值，用近似的数学模式来代表，并通过合适的技术方法求出数学模式中的未知参数。

第四步：预测未来的长期趋势值 T 和季节变动值 S，在可能的情况下预测不规则变动值 I，然后用以下模式计算未来的时间序列的预测值 Y。

$$\text{加法模式 } T+S+I=Y$$

$$\text{乘法模式 } T\times S\times I=Y$$

如果经济现象本身没有季节变动或者不需要预测季、月的资料，则长期趋势的预测值就是时间序列的预测值，即 $T=Y$，但这个现象值只反映现象未来的发展趋势。

①长期趋势预测。测定长期趋势一般采用数学模型，包括直线趋势模型和曲线趋势模型，最小二乘法是测定长期趋势最普遍的方法。

②季节变动预测。季节变动，是指由于自然条件和社会条件的影响，事物现象在一年内随着季节转换而引起的周期性变动。研究季节性变动的目的在于：认识并掌握季节性变动的规律，测算市场需求，从而正确地进行销售决策，合理安排采购生产。季节指数反映季节变动的程度，季节指数高说明是旺季，反之是淡季，计算季节指数通常采用的方法是按月（季）平均法。

$$\text{按月(季)平均法计算的季节指数}=\frac{\text{各年同月(季)平均数}}{\text{各年各月(季)总平均数}}$$

月（季）平均法的优点是计算简单；缺点是不够精确，没有考虑长期趋势的影响，当存在后期各月（季）水平较前期水平有较大波动时，必须用移动平均趋势剔除法测定季节变动。

2. 因果预测分析法

因果预测分析法是依据所掌握的历史资料，找出所要预测的变量和与它相关联的变量之间的关系，从而建立相应的因果关系预测模型。因果预测分析法最常用的方法是回归分析法，包括线性回归法、曲线回归法等。

三、成本预测

（一）成本预测的内容

成本预测是依据企业的经营总目标及有关资料和数据，结合企业未来的发展前景和趋势，采用定量分析和定性分析方法，对未来一定时期成本水平和目标成本进行预计和测算。

1. 成本预测应注意的问题

（1）为了保证成本预测达到预期的目标，成本预测应服从企业总的经营目标，各部门单位的成本预测应以企业经营目标为基准进行协调，以保证整个企业的成本预测、决策系统的协调性、一致性。

（2）成本预测的方案应包括技术上是否可行、产品质量是否有保证、是否符合国家有关法律及社会道德的约束等。成本预测方案应具有应变能力，必须考虑可能发生的因素变化并拟定应变措施，使成本预测、决策方案具有一定的弹性。

2. 成本预测的步骤及内容

成本预测可以分为近期预测（月、季、年）和远期预测（3 年、5 年、10 年）。远期预测通常用于分析宏观经济变动对企业成本的影响（如生产力布局变动、经济结构变动、价格变动等），为企业确定中长期预算和年度预算提供资料。近期预测着重分析影响成本各个因素的变动，预算各种方案的成本指标，从中选择最优方案据以确定计划成本指标。在近期预测中，成本预测的侧重点是年度成本预测。

（1）成本预测的步骤。成本预测，应尽可能避免预测的主观性，使预测目标更接近于实际，通常按照以下步骤进行：

①确定成本目标。根据企业的经营总目标，测算企业在现有条件下能够达到的目标成本水平。目标成本是指企业为了实现经营目标所应达到的成本水平，也是企业未来期间成本管理所应达到的目标。选择初选目标成本主要有以下两种方法。

先进成本法：选择某一先进的成本水平作为初选目标成本，可以是国内外同行业的先进成本、本企业历史上先进水平的实际成本，也可以是按照本企业平均先进的消耗定额制定的定额成本或计划成本。

目标成本法：根据企业预测期的目标利润确定目标成本。产品价格包括产品成本、销售税金和利润三部分。在企业施行目标管理的过程中，先确定单位产品价格和单位目标利润，然后便可以计算出单位产品的目标成本。

②收集和整理有关资料，对成本进行初步预测。初步预测是在收集和占有大量历史资料的基础上进行的，可以结合预测对象的特点采用定性分析法和定量分析法进行预测。在采用定量分析法时，首先，对过去的成本资料进行必要的调整，剔除成本中数额较大的偶然费用，如自然灾害和意外事故造成的停工损失等；其次，对涉及产品设计、工艺改变耗用的价格有重大变化的情况也要进行调整；最后，根据实际资料，将产品成本划分为变动成本和固定成本两部分，对于混合成本要采用一定的方法，如高低点法，将成本分解为变动成本和固定成本，以便进行预测。

③提出各种成本降低方案，并比较各种成本方案的经济效果。根据占有资料实际情况，选用可行的成本降低方案。在提出成本降低方案时，应充分收集企业对降低成本的要求、报告期的实际成本情况、计划期成本可能的变化情况等资料。需要注意的是，产品结构设计要先进合理，成本降低应从设计成本着手，产品结构设计不合理，不仅会影响产品质量，而且会影响生产成本。产品的体积、质量和样式基本决定了产品投产后的原材料、燃料、动力和人工消耗程度。此外，生产经营管理的好坏与产品成本的高低有着密切的关系，劳动力的合理组织、车间的合理设置、工艺方案的选择、设备购建都会影响产品成本。

④修订目标成本，确定最佳预测值。通过比较和分析初选的目标成本、初步预测的成本、可降低的成本，找出差异，据以修订目标成本，最终形成最佳成本预测值，使预测结果更加符合实际。

（2）成本预测的内容。从成本管理的全过程来看，成本预测是一个动态过程，应包括以下内容：

①在新产品投产之前，测算产品成本，确定成品按正常批量生产的成本水平，评奖测算的数据作为选取最优产品设计方案的重要依据。

②在正式生产经营计划之前，进行成本预测。

③在成本计划执行过程中，进行期中成本预测，科学预计成本计划能否按期完成。

④企业采用新技术、新工艺过程中进行成本预测，以保证技术上可行，

经济上合理。

⑤预测产品质量成本。质量成本是指在产品质量上发生的一切费用支出，包括由于未达到质量标准造成损失而发生的费用以及为保证和提高产品质量而支出的各种成本。例如：

内部质量损失成本。企业内部由于产品质量不好而造成的损失，包括废品损失、返修费用、材料损失、复检费用以及因质量事故造成的停工损失和事故处理费用等。

外部质量损失成本。产品售出后因质量问题而产生的一切损失和费用，包括退货损失、保修费用、降价处理损失、赔偿损失、违反合同损失等。

评价质量成本。为检验、鉴定产品质量而发生的一切费用，包括原材料检查费、成品检查费等。

质量防控成本。为了减少外部质量损失和降低评价费用而支出的费用，包括质量控制管理费、质量控制技术费、其他质量计划费、培训费等。

（二）成本预测方法

1. 技术测定方法

技术测定是指在充分挖掘生产潜力的基础上，根据产品设计结构、生产技术条件和工艺方法，对影响人力、物力消耗的各项因素进行技术测试和分析计算，从而确定产品成本的一种方法。

2. 产值成本法

产值成本法是指按工业总产值的一定比例确定产品成本的一种方法。产品的生产过程同时也是生产的耗费过程，在这一过程中，产品成本体现为生产过程中的资金耗费，而产值则以货币形式反映生产过程中的成果。产品成本与产品产值之间客观存在一定的比例关系，比例越大说明消耗越大，成本越高；比例越小说明消耗越小，成本越低。企业进行预测时，可以参照同类企业相似产品的实际产值成本率，加以分析确定。计算公式如下：

$$单位产品成本=\frac{某产品的总产值\times 预计产值成本率}{预计产品产量}$$

3. 线性回归法

线性回归是一种比较精确的方法。它是根据若干时期的历史成本资料，利用最小二乘法，分析成本在一定条件下增减变动的趋势和基本规律，确定成本预测方程，据以进行成本预测的方法。

4. 因素变动预测法

影响成本变动的因素很多，通常有以下几个方面：

（1）直接材料消耗数量及价格变动对产品成本的影响，产品成本中所消耗的直接材料有原材料、辅助材料、燃料等。在产品成本中，材料成本一般占有较大比重，应在保证产品质量的前提下，合理、节约地使用原材料，降低原材料费用。影响材料成本的因素有材料消耗量和材料价格。

材料单价变动对单位成本的影响 =（计划期材料销售单价 − 基期材料销售单价）× 计划期单位产品原材料消耗量

材料消耗量变动对单位成本的影响 =（计划期材料的消耗量 − 基期材料的消耗量）× 基期单位产品原材料销售单价

材料消耗量变动对成本降低率影响的百分比 = 材料费用占成本百分比 × 材料消耗量降低百分比

材料单价变动对成本降低率影响的百分比 = 材料费用占成本百分比 × 材料单价降低百分比 ×（1 − 材料消耗量降低百分比）

【例7-3】 某企业生产甲产品，耗用A、B两种原材料，基期单位产品耗用A材料3千克，单价12元；B材料2千克，单价8元。计划期预测单位产品耗用A材料1.8千克，B材料1.5千克，A、B原材料单价分别为15元和6元。

测算两种材料消耗量变动对甲产品单位成本的影响为：

$$(1.8-3)\times12+(1.5-2)\times8=-18.4\text{（元）}$$

说明由于计划期原材料耗用量降低，单位产品成本减少18.4元。

测算两种材料单价变动对甲产品单位成本的影响为：

$$(15-12)\times1.8+(6-8)\times1.5=2.4\text{（元）}$$

说明由于计划期材料单价变化，单位成本上升2.4元。

（2）工资水平和劳动生产率变动对产品成本的影响。单位成本中的工资费用与生产工人的平均工资和生产公认劳动生产率的高低有关，如果工资增长幅度大于劳动生产率的增长幅度，产品成本就会上升；反之，产品成本就会降低。

（3）产量变动对产品成本的影响。固定成本的总额在相关范围内保持不变。因此，当产量增加时，单位产品分摊的固定成本就会减少；反之，就会增加。

四、利润预测

（一）目标利润的预测步骤

目标利润是指企业在未来一段期间内，经过努力应达到的最优化利润控制目标。

1. 调查研究，确定利润率标准

一般可供选择的标准有：销售利润率、产值利润率、资金利润率等，可以是平均利润率，也可以是历史最高水平利润率；还可以是国内外同行业、本地区和本企业的利润率。

2. 计算目标利润基数

目标利润基数 = 预定的销售利润率 × 预计产品销售额

= 预计产值利润率 × 预计总产值

= 预定的资金利润率 × 预计资金平均占用额

3. 修正目标利润

对影响利润的因素进行分析，形成目标利润预测值。比较目标利润基数与目标利润预测值，修正目标利润。

4. 分解目标利润，纳入预算体系

目标利润一经确定就应纳入预算执行体系，层层分解落实，以此作为采取相应措施的依据。

（二）利润预测方法

1. 比例预测法

比例预测法是根据各种利润率指标来预测计划期产品销售利润的一种方法。

计划期产品销售利润额 = 预计计划期产品销售收入 × 销售收入利润率

= 预计计划期产品总产值 × 产品产值利润率

= 预计计划期产品销售成本 × 产品销售成本利润率

2. 因素分析法

因素分析法是在本期已实现的利润水平上，充分估计计划期影响产品销售利润的各因素变动的可能性、产品品种结构、产品成本、产品销售价格等。

在其他因素不变的情况下，计划期销售量增加，利润额也会随之增加；产品品种结构变动对利润的影响是由于不同品种利润率是不同的，如果不同利润率产品所占的销售比重发生变化，就会影响计划期的平均利润率，因此应当预测计划期产品品种结构变动情况，确定计划期平均利润率，通过比较本期和计划期利润率的差异，计算计划期变动的利润额；在产品价格不变的情况下，降低产品成本会使利润增加，可以根据预测的成本变动率来预测利润变动情况；在其他情况不变时，产品销售价格变动会影响利润额。

3. 经营杠杆系数法

经营杠杆系数是根据有关产品的经营杠杆同销量和利润之间的关系，借助于经营杠杆系数预测企业未来一定期间利润的方法。

经营杠杆系数 = 利润变动率 ÷ 销售量变动率 = 基期边际贡献 ÷ 基期利润

根据已知的基期的边际贡献和利润，计算出经营杠杆系数，再根据预测出计划期的销售量变动率，就可以预测出计划期的利润变动情况，进而得出计划期可实现利润额。

第三节　资金预算

资金预算是有关预算的汇总，要做好企业的资金预算工作，除了了解企业的现金流量、与资金周转有关业务的核算外，还应该全面具体地了解资金预算的内容。资金预算由资金收入、资金支出、资金多余或不足、资金筹集和运用四部分组成。本节将分别介绍这四部分的内容。

一、资金收入

“资金收入”部分包括期初资金余额和预算期资金收入，对于一般企业而言，资金收入的主要来源是销货收入。年初的“资金余额”是在编制预算时预计的；“销货资金收入”的数据来自销售预算；“可供使用资金”是期初资金余额与本期资金收入之和。

（一）资金收入的定义

资金收入是“资金支出”的对称，有狭义和广义之分。狭义的资金收入是指银行回笼货币资金。在我国，中国人民银行发行的人民币是唯一合法的通货，资金收入即回笼流通中的人民币。广义则指社会各单位收入资金，如商品销售资金收入、储蓄资金收入和非商品服务费收入等。本书中所指的资金收入为广义的资金收入。

（二）资金收入管理

1. 业务收入和其他收入资金的管理

管理主营业务和其他业务的资金收入要做到以下事项：

（1）要审核经济业务事项的真实性和合法性；

（2）对取得的原始凭证的真实性和规范性进行审核；

（3）审核业务收入和其他收入资金取得过程的规范性；

（4）审核业务收入和其他收入资金会计核算的规范性。

2. 对出纳人员资金收入的处理流程规定

（1）清楚收入的金额和来源。出纳人员在收到一笔资金之前，应当清楚地知道要收到多少钱，收谁的钱，收什么性质的钱，再按不同的情况进行分析处理。其基本业务如下：

①确定收款金额。如为现金收入，应考虑库存限额的要求。

②明确付款人。出纳人员应当明确付款人的全称和有关情况，对于收到的背书支票或其他代为付款的情况，应由经办人加以注明。

③收到销售或劳务性质的收入。出纳人员应当根据有关的销售（或劳务）合同确定收款额是否按协议执行，并对预收账款、当期实现的收入和收回以前欠款分别进行处理，保证账实一致。

④收回代付、代垫及其他应付款。出纳人员应当根据账务记录确定其收款额是否相符，具体包括单位为职工代付的水电费、房租、保险金、个人所得税，职工的个人借款和差旅费借款，单位交纳的押金等。

（2）清点收入。出纳员在清楚收入的金额和来源后，进行清点核对，清点时应沉着冷静，不要图快。其业务如下：

①现金清点。现金收入应与经办人当面点清，在清点过程中出纳人员发现短缺、假钞等特殊问题，应由经办人负责。

②银行核实。银行结算收入应由出纳人员与银行相核对，如为电话询问或电话银行查询的，只能作为参考，在取得银行有关的收款凭证后，方可正式确认收入，进行账务处理。

③清点核对无误后，按规定开具发票或内部使用的收据。如果收入金

额较大的，应及时上报有关领导，便于资金的安排调度，手续完毕后，在有关收款依据上加盖“收讫”章。

如果清点核对并开出单据后，再发现现金短缺或假钞，应由出纳人员负责。

（3）收入退回。如果因特殊原因导致收入退回的，如支票印鉴不清，收款单位账号错误等，应由出纳人员及时联系有关经办人或对方单位，重新办理收款。

3. 收款票据填写

出纳人员收到业务收入和其他收入现金时，应当依据经济业务事项的内容开具现金收款票据（业务收入有专职收款人员的除外），现金收款票据包括发票和收据两种。开具现金收款票据时，要使用复写纸如实填写收款日期，付款单位全称或付款人姓名，经济业务事项内容、数量、单位，收款小写和大写金额、开票人、经办人姓名、加盖收款单位印章。填写完毕，将第二联交给付款单位或付款人，将第三联作为登记现金日记账的原始凭证。

4. 从银行提取现金的管理

各单位需要用现金发放工资，或者其库存现金小于库存现金定额而需要用现金补足时，除了按规定可以用非业务性现金收入补充以及国家规定可以坐支的以外，均应按规定从银行提取现金。

各单位从银行提取现金应包括以下程序：

（1）按现金的开支范围签发现金支票，现金支票是由存款人签发，委托开户银行向收款人支付一定数额现金的票据。开户单位应按现金的开支范围签发现金支票，现金支票的金额起点为100元，其付款方式是见票即付。

（2）认真填写支票签发现金支票时，应认真填写支票的有关内容，如签发日期、收款人全称（单位签发现金支票支取现金，是以自己为收款人）、取款金额（大写和小写金额）、款项用途，并加盖财务章和名章等。一般来说，取款人收到银行出纳人员付给的现金时，应当面清点现金数量，清点无误后才能离开柜台。

提取现金的记账方式如下：

各单位用现金支票提取现金，应根据现金支票存根编制银行存款付款凭证。取款当日，出纳人员根据付款凭证的记录，同时登记银行存款日记账的减少，登记现金日记账的增加。

（三）如何进行现金收入核算

1. 填制审批原始凭证

出纳人员在处理收款业务时，首先审核外来的原始凭证，如发票、各种收据，审核该项业务的合理性，合法性，以及该凭证所反映的商品数量，单价、金额是否正确，有无刮擦涂改迹象，有无相关负责人签章，对其票据的真实性进行审核。

2. 编制记账凭证

填制现金出纳凭证的内容必须齐全、书写清晰、数据规范、会计科目准确、编号合理、签章手续完备。

（1）现金出纳凭证的内容必须齐全，凡是凭证格式上规定的各项内容必须逐项填写齐全，不得遗漏和省略，以便完整地反映经济活动全貌。

（2）填写现金出纳凭证的文字、数字必须清晰，工整，规范。

（3）记账凭证中所运用的会计科目必须适当。按照原始凭证所反映的现金出纳业务的性质，根据会计制度的规定，确定应“收”和应“付”会计科目，需要登记明细账的还应列明二级科目和明细科目的名称并据以登账。一般来说，出纳人员只涉及收付款凭证，不涉及转账凭证。对于收款凭证其借方科目为“现金”或“银行存款”，其贷方科目则应根据经济业务内容视具体情况而定。例如，贷记“主营业务收入”“其他业务收入”等；对于付款凭证，贷方科目为“现金”或“银行存款”，借方科目也是根据经济业务内容视具体情况而定，例如，借记“原材料”“物资采购”“管理费用”等。

（4）现金出纳凭证要求连续编号以便备查，如一式三联的发票收据都应连续编号，按编号顺序使用。作废时应加盖“作废”戳记，连同存根联一起保存，不得撕毁。记账凭证一般是按月顺序编号，可采取两种方式，一是将收付款凭证自每月第一笔业务顺序编至月末最后一笔业务，二是收付款凭证与转账凭证混合编号，但无论选择哪种方式需注意的是不可以有漏号、重号错误。

（5）现金出纳的签章必须完备。从外单位或个人取得的原始凭证，必须盖有填制单位的公章或财务专用章；出纳人员办理收付款项以后，应在收付款的原始凭证上加盖“收讫”“付讫”戳记；记账凭证中要有凭证填制人员、稽核人员、记账人员、会计人员的签章。

（6）记账凭证审核。记账凭证审核包括以下方面：

①记账凭证记录的经济业务与所附原始凭证的内容是否相符，记账凭证是否如实附有原始凭证，记账凭证的附件份数（张数）填列是否与实际份数（张数）一致。

②记账凭证中的应借、应贷账户的名称、金额及其对应关系是否正确无误。

③审核记账凭证中有关项目填写是否齐备，是否符合规范等。

④摘要栏的填写是否清楚，是否准确且简要说明了所附原始凭证反映的经济内容。对于记账凭证复核中发现的问题应及时处理，包括手续、内容的补办、补填或拒绝办理。对错误的凭证，应根据有关规定进行重新填制或更正错误。

（7）现金出纳凭证的保管。现金出纳凭证是记录经济业务重要的会计核算资料，同时也是重要的经济档案、历史资料，是登记账簿的依据。因此其必须妥善保管，要将其按编号顺序进行装订成册。并在封面上注明企业名称、记账凭证种类、起止号数、年度月份和起止日期，并由有关人员签字盖章，其目的在于便于事后查找。

二、资金支出

“资金支出”部分包括预算的各项资金支出。其中“直接材料”“直接人工”“制造费用”“销售与管理费用”的数据，分别来自前述各部门的有关预算；“所得税”“购置设备”“股利分配”等资金支出的数据分别来自另行编制的专门预算。

（一）资金支出的含义

资金支出是“资金收入”的对称，有狭义和广义之分。狭义即指银行向市场投放货币。在我国，中国人民银行发行的人民币是唯一合法的通货，资金支出即付出人民币。广义则指社会各单位付出资金，如向职工发放工资、收购农副产品、提取储蓄存款和发放救济款等。

（二）现金支出的内容

1. 工资

工资是指雇主或者用人单位依据法律规定或行业规定或根据与员工之

间的约定，以货币形式对员工的劳动所支付的报酬。工资可以时薪、月薪、年薪等不同形式计算。按照国家有关规定，工资总额应包括计时或计件工资、奖金、津贴、补贴、加班加点工资。在中国，由用人单位承担或者支付给员工的下列费用不属于工资：（1）社会保险费；（2）劳动保护费；（3）福利费；（4）解除劳动关系时支付的一次性补偿费；（5）计划生育费用；（6）其他不属于工资的费用。

2. 差旅费的报销

单位工作人员因公出差需借支差旅费，应先到财务部门领取并填写借款单，按照借款单所列内容填写完整，然后送所在部门领导和有关部门人员审查签字。出纳人员根据自己的职权范围，审核无误后给予现金支付。出差人员回来后，持各种原始凭证至出纳人员处依照规定进行报销。

3. 零星采购费用

单位内部有关人员根据生产经营需要进行零星物品采购的费用，可持原始凭证到出纳处，出纳人员认真审核这些开支是否符合有关规定，是否有有关人员或部门批准后予以报销。

4. 备用金的支出

单位内部人员或部门需要领用备用金时，一般由经办人填写借款单据。借款单据由有关领导和人员签字后，出纳作为付款凭证，并登记现金日记账。

对于定额备用金，持有人报销时，出纳应根据审核无误的原始凭证的金额支付现金；对于一次性备用金，持有人报销时，出纳应根据审核无误的原始凭证的金额，计算其与所借备用金的差额，如果报销原始凭证的金额大于所借备用金，出纳应将差额用现金补付报销人；如果报销原始凭证的金额小于所借备用金，出纳应另开收据，将其差额收回。

5. 其他支出

其他支出一般包括以下内容：根据国务院发布的有关规定颁布的创造发明奖、支付的合理化建议和技术进步奖金。

有关劳动保险和职工福利费，离、退休人员待遇，劳动保护各项支出。

稿费、讲课费及其他专门工作报酬，如出差伙食补助费、误餐补助、调动工作的差旅费和安家费。

对购买本企业股票和债券的职工所支付的股息。劳动合同制职工解除劳动合同时由企业支付的医疗补助费、生活补助费。

支付计划生育独生子女补贴。

（三）现金支出管理

（1）出纳与会计岗位必须分设，实行相互制约。

（2）出纳办理现金支出业务，必须取得或填制合法的原始凭证，原始凭证经单位法人或有授权权限的人员签字批准，由领款人或经手人签名。

（3）支付现金的原始凭证，必须由稽核人员或会计主管人员进行复核后方可支付现金。

（4）出纳清点付出的现金，必须由其他会计人员进行复点后当面交给领款人；在付款后，出纳应在付款的原始凭证上加盖"现金付讫"戳记。

（5）支付现金后，出纳应当依据原始凭证所涉及的经济业务事项的内容，及时填制付款凭证，并登记现金日记账。现金日记账每日都应当进行结账。

（6）严格执行现金清查盘点制度，保证现金安全、完整。出纳人员每天盘点现金实有数，与现金日记账的账面余额核对，保证账实相符。单位会计主管人员必须定期或不定期地安排对现金进行清查盘点，及时发现或防止差错以及挪用、贪污、盗窃等不法行为的发生。如果出现长、短款，必须及时查找原因。

（四）资金支出处理流程的规定

图7－2展示了资金支出处理的简易流程。

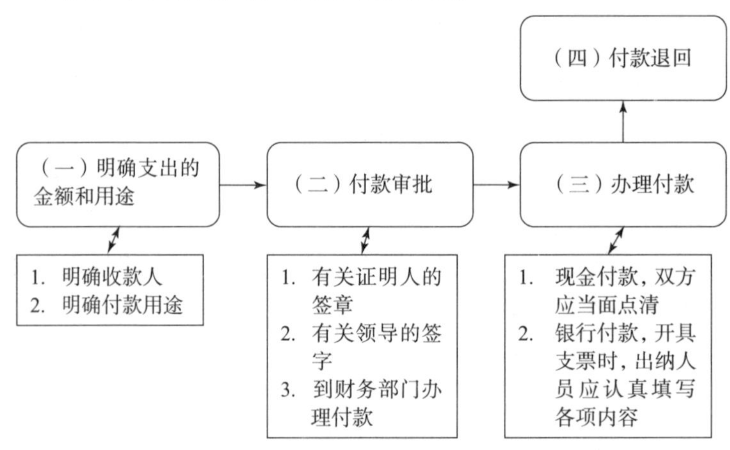

图7－2　资金支出处理的简易流程

（1）明确支出的金额和用途。出纳人员支付每一笔资金的时候，一定要知道准确的付款金额，合理安排资金。

①明确收款人。出纳人员必须严格按合同、发票或有关依据记载的收款人进行付款，对于代为收款的，应当出具原收款人证明材料并与原收款人核实后，方可办理付款手续。

②明确付款用途。对于不合法、不合理的付款应当坚决给予抵制，并向有关领导予以汇报，行使出纳人员的工作权力，用途不明的，出纳人员可以拒付。

（2）付款审批。由经办人填制付款单证，注明付款金额和用途，并对付款事项的真实性和准确性负责。

①有关证明人的签章。经办人的付款用途中，涉及实物的，应当有仓库保管员或实物负责人的签收；涉及差旅、销售费用等的，应当有证明人或知情人加以证明。

②有关领导的签字。收款人持证明手续完备的付款单据，报有关领导审阅并签字。

③到财务部门办理付款。收款人持内容完备的付款单证，报经会计审核后，由出纳办理付款。

（3）办理付款。付款是资金支出中最关键的一环，出纳人员应当特别谨慎，要用如临深渊、如履薄冰的态度认真对待，因为款项一旦付出，发生差错是很难追回的。严格核实付款金额、用途及有关审批手续。

现金付款，双方应当面点清。在清点过程中发现短缺、假钞等情况，由出纳员负责。

银行付款，开具支票时，出纳人员应认真填写各项内容，保证要素完整、印鉴清晰、书写正确，如为现金支票，应附领票人的姓名、身份证号码及单位证明。办理转账或汇款时，出纳人员书写准确、清晰、完整，保证收款人能按时收到款项。

付款金额双方确认后，由收款人签字并加盖“付讫”章。如为转账或汇款的，银行单据直接作为已付款证明。

如确认签字后，再发现现金短缺或其他情况，应由收款经办人负责。

（4）付款退回。如因特殊原因造成支票或汇款退回的，出纳人员应当立即查明原因，如因我方责任引起的，应换开支票或重新汇款，不得借故拖延；如因对方责任引起的，应由对方重新补办手续方可办理。

三、资金多余或不足

“资金多余或不足”是资金收入合计与资金支出合计的差额。差额为正，说明收入大于支出，资金有多余，可用于偿还借款或用于短期投资；差额为负，说明支出大于收入，资金不足，需要向银行取得新的借款。

（一）盈余现金保障倍数

盈余现金保障倍数是指企业一定时期经营现金净流量同净利润的比值，反映了企业当期净利润中现金收益的保障程度，真实地反映了企业的盈余的质量。盈余现金保障倍数从现金流入和流出的动态角度，对企业收益的质量进行评价，对企业的实际收益能力再一次修正。

计算公式：盈余现金保障倍数 = 经营现金净流量/净利润

盈余现金保障倍数的指标说明：

（1）盈余现金保障倍数是从现金流入和流出的动态角度，对企业收益的质量进行评价，对企业的实际收益能力进行再次修正。

（2）盈余现金保障倍数在收付实现制的基础上，充分反映出企业当期净收益中有多少是有现金保障的，挤掉了收益中的水分，体现出企业当期收益的质量状况，同时，减少了权责发生制会计对收益的操纵。

（3）一般而言，当企业当期净利润大于 0 时，该指标应当大于 1。该指标越大，表明企业经营活动产生的净利润对现金的贡献越大。但是，由于指标分母变动较大，致使该指标的数值变动也比较大，所以，对该指标应根据企业实际效益状况有针对性地进行分析。

（二）现金不足

1. 现金短缺的含义

现金短缺是指计划期现金期末金额与理想现金条款（又称最佳现金条款）相比后的条款。如果期末现金余额大于理想现金余额，说明现金有多余，应设法进行投资或归还债务。如果期末现金金额小于理想现金余额，则说明现金短缺，应进行筹资予以补足。

现金余额数 = 期末现金余额 − 理想现金余额 =（期初现金余额 + 现金收入 − 现金支出）− 理想现金余额 = 期初现金余额 + 净现金流量 − 理想现金余额

2. 现金短缺的决策成本分析

当现金出现短缺（现金持有不足）时，通常应当考虑现金短缺成本和现金支付成本。现金短缺成本是指企业不具备相应的现金支付能力，无法满足基本生产经营活动或业务交易的正常需要而给企业带来的经济损失。例如，因无现金购买生产物资而被迫停工待料所蒙受的经济上或企业信誉方面的损失，因缺乏现金支付能力而无法享受现金折扣等。在实际工作中，有的现金短缺成本可以准确地进行计量，而有的现金短缺成本却需要通过某种方法进行估计、测算。一般来说，现金短缺数额越大，其导致的经济损失可能也越大，现金短缺成本将越高；反之，则越低。

因此，一旦发现现金短缺征兆，就应立即采取补充措施，适时满足现金供应，最大限度地降低现金短缺成本。现金支付成本是指当开展某项生产经营活动或实施某一业务行动方案时需要立即引起现金实际支付的有关成本，如修复关键加工设备或购买濒临短缺的主要原材料所需要的一定数额的现金。现金支付成本是某项活动必须付出现金，但又要全面衡量该项活动在经济上是否真正有利时应当认真考虑的，尤其是当企业现有经营资金比较拮据时更应慎重考虑。

在实际工作中，由于某些客观条件的制约，企业管理者往往需要舍弃未来预期收益较多，但眼下现金支付数额也较多的业务项目或行动方案，转而选择未来预期收益较少，但目前现金支付数额也较少的业务项目或行动方案。事实上，在这种情况下，只有符合企业当前现金实际支付能力的有关项目或方案，才能算得上是最好的（最经济的）。从这个意义上讲，企业管理者不应从事任何可望而不可即的业务活动，一切都应以实际现金支付能力为转移。

四、资金筹集和运用

预计的现金收入主要是销售收入，还有一少部分的其他收入，所以预计现金收入的数额主要来自销售预算。预计的现金支出主要是指营运资金支出和其他现金支出，具体包括采购原材料、支付工资、支付管理费、营业费、财务费等其他费用以及企业支付的税金等。资金预算通过对企业的现金收入、支出情况的预计推算出企业预算期的现金结余情况。如果现金不足，则提前安排筹资，避免企业在需要资金时“饥不择食”；如果现金多余，则可以采取归还贷款或对有价证券进行投资，以增加收益。

（一）资金筹集

资金筹集是指企业通过各种方式和法定程序，从不同的资金渠道，筹措所需资金的全过程。无论其筹资的来源和方式如何，其取得途径不外乎两种：一种是接受投资者投入的资金，即企业的资本金；另一种是向债权人借入的资金，即企业的负债。

表7－10总结了企业筹集资金的方式及其内容。

表7－10　企业资金筹集的方式及内容

筹资类型	方法	内容
吸收权益资金	吸收直接投资	吸收直接投资就是投资者以货币、实物和无形资产等向企业投资
	发行股票	发行普通股、优先股融资
获取债务资金	借款	企业可向银行、非金融机构借款以满足经营的需要
	发行公司债券	公司依照法定程序发行的，约定在一定期限还本付息的有价证券

1. 吸收权益资金

（1）吸收直接投资。就是投资者以货币、实物和无形资产等向企业投资。吸收直接资产在过去是企业主要的筹资方式，即使现在，也还是非股份制企业的主要筹资方式。

（2）发行股票。普通股融资，普通股是股份公司资本构成中最基本、最主要的股份。普通股不需要还本，股息也不需要向借款和债券一样需要定期定额支付，因此风险很低，但采取这一方式筹资会引起原有股东控制权的分散；优先股融资，优先股综合了债券和普通股的优点，既无到期还本的压力，也并不必担心股东控制权的分散。但这种方式税后资金成本要高于负债的税后资本成本，且优先股股东虽然负担了相当比例的风险，却只能取得固定的报酬，所以发行效果上不如债券。

2. 获取债务资金

（1）借款。企业可向银行、非金融机构借款以满足经营的需要。这一方式手续简便，企业可以在较短时间内取得所需的资金，保密性也很好。但企业需要负担固定利息，到期必须还本归息，如果企业不能合理安排还贷资金就会引起企业财务状况的恶化。

（2）发行公司债券。公司债券是指公司依照法定程序发行的，约定在一定期限还本付息的有价证券。公司债券是公司债的表现形式，基于公司债券的发行，在债券的持有人和发行人之间形成了以还本付息为内容的债权债务法律关系。因此，公司债券是公司向债券持有人出具的债务凭证，公司债实际上是也可以看成公司的一种借款方式。

（二）资金的运用

在企业进行资金预算时，如果企业有大量的多余资金可以合理地选择投资方式，使多余资金为企业带来更大的效益。企业的投资方式可以选择直接投资和间接投资。

表 7－11 列出了直接投资和间接投资的具体内容。

表 7－11　直接投资和间接投资的相关内容

投资类型	内容	特点
直接投资	是指投资者将货币资金直接投入投资项目，形成实物资产或者购买现有企业的投资	通过直接投资，投资者便可以拥有全部或一定数量的企业资产及经营的所有权，直接进行或参与投资的经营管理
间接投资	是指投资者以其资本购买公司债券、金融债券或公司股票等，各种有价证券，以预期获取一定收益的投资，由于其投资形式主要是购买各种各样的有价证券，因此也被称为证券投资	间接投资的投资者除股票投资外，一般只享有定期获得一定收益的权利，而无权干预被投资对象对这部分投资的具体运用及其经营管理决策

直接投资是指投资者将货币资金直接投入投资项目，形成实物资产或者购买现有企业的投资。通过直接投资，投资者便可以拥有全部或一定数量的企业资产及经营的所有权，直接进行或参与投资的经营管理。直接投资包括对现金、厂房、机械设备、交通工具、通信、土地或土地使用权等各种有形资产的投资和对专利、商标、咨询服务等无形资产的投资。

间接投资是指投资者以其资本购买公司债券、金融债券或公司股票等，各种有价证券，以预期获取一定收益的投资，由于其投资形式主要是购买各种各样的有价证券，因此也被称为证券投资。与直接投资相比，间接投资的投资者除股票投资外，一般只享有定期获得一定收益的权利，而无权干预被投资对象对这部分投资的具体运用及其经营管理决策；间接投资的资本运用比较灵活，可以随时调用或转卖，更换其他资产，谋求更大的收益；可以减少因政治经济形势变化而承担的投资损失的风险；也可以作为中央银行为平衡银根松紧而采取公开市场业务时收买或抛售的筹码。

第八章　资金预算的编制方法与程序

第一节　现金收支预算管理的基本原则

一、收支两条线原则

所谓收支两条线是指收入一条线，支出一条线，两条线要分开。企业各部门、各单位凡是有现金收入的，必须回到企业财务部门，任何单位不得截留现金收入，这就是收入一条线；企业各部门、各单位凡是有现金支出的，必须按照预算规定的项目、金额、时间，由财务部门划拨支出，这就是支出一条线。强调收支两条线的原因在于，如果企业下属各部门能够坐支现金，预算对他们没有控制作用，收支两条线的作用范围通常是在一个会计主体内。

（一）收支两条线资金管理模式的构建

收支两条线资金管理模式的构建可从规范资金的流向、流量和流程三个方面入手：

1. 资金的流向方面

要求各部门或各单位在内部银行设立两个账户（收入户和支出户），并规定所有收入的现金都必须进入收入户，收入户资金由内部银行或财务结算中心统一管理，而所有的货币性支出都必须从支出户里支付，支出户里的资金只能根据一定的程序由收入户划拨而来，严禁现金坐支。

2. 资金的流量方面

（1）在收入环节上要确保所有收入的资金都进入收入户，不允许有私设的账外小金库。另外，还要加快资金的结算速度，尽量压缩资金在结算环节的沉淀量。

（2）在调度环节上通过动态的现金流量预算和资金收支计划实现对资金的精确调度。

（3）在支出环节上根据“以收定支”和“最低限额资金占用”的原则从收入户按照支出预算安排将资金定期划拨到支出户，支出户平均资金占用额应压缩到最低限度。有效的资金流量管理将有助于确保收入资金及时、足额地回笼，各项费用支出受到合理的控制和内部资金的有效调剂。

3. 资金的流程方面

资金流程是指与资金流动有关的程序和规定。它是收支两条线内部控制体系的重要组成部分，主要包括以下几个部分：

（1）关于账户管理、货币资金安全性等规定；

（2）收入资金管理与控制；

（3）支出资金管理与控制；

（4）资金内部结算与信贷管理及控制；

（5）收支两条线的组织保障。

需要说明的是，收支两条线是一种内部资金管理模式，它与各个部门的发展战略、管理文化和组织架构都有很大的关系。因此，企业在构建收支两条线管理模式时，一定要注意与自己的实际相结合，以管理有效性为导向。

（二）落实收支两条线资金管理模式过程中应注意的问题

1. 加强银行账户的管理

在实行收支两条线过程中，应对现金收支部门或分支机构银行账户的开设、使用和清理实行严格的集中管理，下属单位可不在银行开户而在内部银行或财务结算中心开户。

2. 强调结算纪律

严禁现金坐支。在收支两条线资金管理模式中，不仅收入的现金不得直接用于开支，银行收入户的资金也不能直接用于开支，所有支出的资金来源只能是支出户。为了杜绝现金坐支，还应采取措施进一步强调结算纪律，如当日收入的现金应及时缴存收入户，超过规定限额的现金必须通过银行支付以及不得白条抵库等。

3. 以现金流转为核心来进行财务管理

这一观点正在被理论界和实务界越来越多的人士所认同。只有控制现金流量才能确保收入项目资金的及时回笼及各项费用支出的受控，才能加速资金的周转，提高资金的使用效益；在预算管理中，各项预算项目应以现金流为控制源头。因此，应有意识地围绕现金流转这一核心，借助于收支两条线这一平台，结合实际情况来构建适合于自身的财务管理体系和内部控制系统。

4. 加强有关的制度建设，建立、健全收支两条线资金管理流程

建立、健全收支两条线资金管理流程并通过一定的激励机制和监督机制保证其落实到位。此外，在应用收支两条线资金管理模式时，还应以财务结算中心的运行机制为依托。

二、硬预算原则

硬预算是强调预算要硬，刚性要强，弹性要小。也就是说，企业全部现金收支必须全部纳入预算范围，预算一旦通过，任何人不得随意修改，包括总经理也不能随便修改。在预算执行过程中，坚持没有预算不开支，杜绝一切超预算开支的现象。强调刚性预算，主要原因在于保证预算的有效实施，如果下属各部门可以随意地修改预算，预算就失去了意义。当然刚性预算并不是要求在预算实施时就要100%地与预算相符，资金预算和企业运行过程中的资金状况必然会有所差别，预算要有一个适当的弹性，对于超出弹性范围的资金支出要经过部门及公司领导的审议批准。

三、细化原则

现金收支预算要精打细算，要对费用支出的项目进行细分，按规定的标准、定额逐项核算，项目的每一个细节都要计算出来，只有细致的预算才能真正发挥预算的控制作用。预算细化为公司各部门的绩效考评提供了依据，对公司实施合理的奖惩制度提供了考核标准。

四、授权原则

各部门、各单位的现金支出预算由各部门负责人主持编制，审核后报财务部门，经公司批准确认的预算授权财务部门控制执行。各部门各单位预算内的开支由部门负责人签字生效，无须再经厂长、经理签字。超预算

的意外性支出和资本性支出还需要厂长、经理签字方能生效。对未列入预算的项目，财务部门有权拒绝开支。

第二节　预算的编制方法

企业可以根据不同的预算项目，分别采用固定预算、弹性预算、增量预算、零基预算、定期预算和滚动预算等方法编制各种预算。

一、固定预算与弹性预算编制方法

（一）固定预算编制方法

固定预算又称静态预算法，是指在编制预算时，只根据预算期内正常的、可实现的某一固定业务量（如生产量、销售量）水平作为唯一基础来编制预算的一种方法。固定预算法存在过于呆板和可比性差的缺点，一般适用于固定费用或者数额比较稳定的预算项目。

固定预算的缺点表现在：

（1）过于呆板，因为编制预算的业务量基础是实现假定的某个业务量。在这种方法下，不论预算期内业务量水平实际可能发生哪些变动，都只按事先确定的某一个业务量水平作为编制预算的基础。

（2）可比性差。当实际的业务量与编制预算所依据的业务量发生较大差异时，有关预算指标的实际数与预算数就会因业务量基础不同而失去可比性。例如，某企业预计业务量为销售 100 000 件产品，按此业务量给销售部门的预算费用为 5 000 元。如果该销售部门实际销售量达到 120 000 件，超出了预算业务量，固定预算下的费用预算仍为 5 000 元。

【例 8－1】 假定某企业年度生产计划及工时计划如表 8－1 所示。

表 8－1　企业年度生产计划及工时计划表

产品名称	预测销量（件）	期初库存（件）	预计期末库存（件）	计划产量（件）	单位产品工时定额（小时）	计划产量总工时（小时）
甲产品	1 160	200	40	1 000	60	60 000
乙产品	4 200	500	300	4 000	80	320 000

1. 材料费用预算

材料费用预算一般以生产计划和单位产品消耗定额及材料计划单价为基础并考虑实现各项措施所降低的节约额加以计算，企业材料费用预算表如表8－2所示。

表8－2　企业材料费用预算表

项目			A材料	B材料	辅料	合计
单价		1	8元	3元		
甲产品（计划1 000件）	消耗定额	2	3	6		
	费用定额	3＝1×2	24	18	1.2	43.2
	定额耗用量	4＝2×计划产量	3 000	6 000		
	定额费用	5＝3×计划产量	24 000	18 000	1 200	43 200
乙产品（计划4 000件）	消耗定额	6	5	8		
	费用定额	7＝1×6	40	24	2	66
	定额耗用量	8＝6×计划产量	20 000	32 000		
	定额费用	9＝7×计划产量	160 000	96 000	8 000	264 000
基本车间一般耗费		10			2 000	2 000
修理车间耗费		11			9 200	9 200
合计		12＝5＋9＋10＋11	184 000	114 000	20 400	318 400

2. 工资预算

企业工资预算的编制方法因工资制度的不同而采取不同的方法。在计件工资制度下，此时生产工人的工资属于变动费用，可按生产预算需要的工时数和小时工资率直接编制；在月工资制度下，此时工资费用是固定费用，只能依靠职工在册人数、出勤率、平均日工资额等数据来编制，企业弹性预算表如表8－3所示。

表 8-3　企业弹性预算表

项目		年度计划产量总工时（小时）	小时工资率（元）	年度计划工资总额（元）	提取福利费（14%）	合计（元）
基本车间	生产工人	380 000	2	760 000	106 400	866 400
	管理人员			10 000	1 400	11 400
修理车间人员				16 000	2 240	18 240
行政管理部门人员				30 000	4 200	34 200
合计				816 000	114 240	930 240

基本车间工资分配率 = 866 400 ÷ 380 000 = 2.28（元/时）

甲产品应分配额 = 60 000 × 2.28 = 136 800（元）

乙产品应分配额 = 320 000 × 2.28 = 729 600（元）

3. 制造费用预算的编制

一般大中型企业都设置辅助生产车间，其发生的费用按一定的方法分配给受益单位的产品成本费用中去，所以在编制制造费用预算时，首先要先编制辅助生产车间费用预算，该预算多按成本项目编制，多个项目指标的确定可依据不同的情况处理。

（1）有消耗定额的，可根据计划业务量、单位产品消耗定额和计划单价计算。如材料消耗应按所提供的产品或劳务数量、单位产品或劳务所耗材料和材料计划单价计算。

（2）凡有规定费用开支标准的按标准计算，如劳动保护费，可根据车间享受人数和规定的标准计算。

（3）凡没有消耗定额和开支标准的费用项目（如低值易耗品）或车间固定费用性质的项目（如办公费），可根据上期预计实际数和计划期节约费用的要求确定。

（4）凡是其他预算资料中有现成资料的（如工资），可直接采用。

辅助生产车间费用预算编制后，应把全部费用分配给各受益单位，分配方法是：先计算辅助生产车间所提供的产品或劳务的计划单位成本，再根据各受益单位所需要的计划产品和劳务数量，计算各受益单位应分配的辅助生产费用，如表8－4所示。

表8－4　费用预算　　单位：元

项目	金额
材料	9 200
工资	18 240
制造费用（水电费、折旧费、办公费）	22 560
合 计	50 000
修理总工时（小时）	10 000
分配率	5

基本生产车间应分配额＝受益工时×分配率＝8 000×5＝40 000（元）

行政管理部门分配额＝受益工时×分配率＝2 000×5＝10 000（元）

基本生产车间制造费用预算包括两部分：一是辅助生产车间分配过来的制造费用。二是基本生产车间本身发生的制造费用，这两部分合起来再按一定的标准（一般按计划工时或生产工人工资比例）分配给各类产品。各项费用分配表如表8－5所示。

表8－5　各项费用分配表　　单位：元

工资	办公费	折旧费	机物料消耗	修理费	水电费	劳动保护费	低值易耗品摊销	其他	合计
11 400	20 000	78 000	2 000	40 000	10 000	6 120	2 400	1 080	171 000

工资费用分配率＝171 000÷380 000＝0.45（元/时）

甲产品应分配费用＝60 000×0.45＝27 000（元）

乙产品应分配费用＝320 000×0.45＝144 000（元）

固定预算适用于编制相对稳定的预算，一般在计划和实际不会有较大出入的情况下，可采用固定预算。固定预算的计算比较直接也比较简单，由于企业生产经营状况受主观条件影响很大，不确定的因素很多，经常发生变动，使预算的作用受到了限制。

（二）弹性预算编制方法

弹性预算是在按照成本（费用）习性分类的基础上，根据量、本、利之间的依存关系，考虑到计划期间业务量可能发生的变动，编制出一套适应多种业务量的费用预算，以便分别反映在不同业务量的情况下所应支出的成本费用水平，该方法是为了弥补固定预算的缺陷而产生的。编制弹性预算所依据的业务量可能是生产量、销售量、机器工时、材料消耗量和直接人工工时等。

弹性预算的优点表现在：一是预算范围宽；二是可比性强。弹性预算一般适用于与预算执行单位业务量有关的成本（费用）、利润等预算项目。

弹性预算的编制可以采用公式法，也可以采用列表法。

（1）公式法。公式法是假设成本和业务量之间存在线性关系，成本总额、固定成本总额、业务量和单位变动成本之间的变动关系可以表示为：

$$Y = a + bx$$

式中：Y 为成本总额；a 为不随业务量变动而变动的那部分固定成本；b 为单位变动成本；x 为业务量，某项目成本总额 Y 是该项目固定成本总额和变动成本总额之和。这种方法要求按上述成本与业务量之间的线性假定，将企业各项目成本总额分解为变动成本和固定成本两部分。

【例8-2】 某企业的制造费用项目单位变动费用和固定费用资料如表8-6所示。

表8-6　某企业制造费用项目单位变动费用和固定费用资料

费用明细项目	单位变动费用（元/工时）	费用明细项目	固定费用（元）
变动费用：		固定费用：	
间接人工	0.5	维护费用	12 000
间接材料	0.6	折旧费用	30 000
维护费用	0.4	管理费用	20 000
水电费用	0.3	保险费用	10 000
机物料	0.2	财产税	5 000
小计	2.0	小计	77 000

假设该企业预算期可能的预算工时变动范围为 49 000 ~ 51 000 工时，制造费用弹性预算如表 8 – 7 所示。

表 8 – 7　制造费用弹性预算表（公式法）　　单位：元

项目	a	b
固定部分		
维护费用	12 000	
折旧费用	30 000	—
管理费用	20 000	—
保险费用	10 000	—
财产税	5 000	—
小计	77 000	—
变动部分		
间接人工	—	0. 5
间接材料	—	0. 6
维护费用	—	0. 4
水电费用	—	0. 3
机物料	—	0. 2
小计	—	2. 0
总计	77 000	2. 0

公式法的优点是：在一定范围内预算可以随业务量变动而变动，可比性和适应性强，编制预算的工作量相对较小；缺点是：按公式进行成本分解比较麻烦，对每个费用子项目甚至细目逐一进行成本分解，工作量很大。

（2）列表法。是指通过列表的方式，将与各种业务量对应的预算数列示出来的一种弹性预算编制方法。

【例8－3】 假定有关资料同表8－6。预算期企业可能的直接人工工时分别为49 000工时、49 500工时、50 000工时、50 500工时和51 000工时。用列表法编制制造费用弹性预算如表8－8所示。

表8－8　某企业制造费用弹性预算表　　单位：元

费用明细项目	单位变动费用	业务量				
		49 000	49 500	50 000	50 500	51 000
变动费用：						
间接人工	0.5	24 500	24 750	25 000	25 250	25 500
间接材料	0.6	29 400	29 700	30 000	30 300	30 600
维护费用	0.4	19 600	19 800	20 000	20 200	20 400
水电费用	0.3	14 700	14 850	15 000	15 150	15 300
机物料	0.2	9 800	9 900	10 000	10 100	10 200
小计	2.0	98 000	99 000	100 000	101 000	102 000
固定费用：						
维护费用		12 000	12 000	12 000	12 000	12 000
折旧费用		30 000	30 000	30 000	30 000	30 000
管理费用		20 000	20 000	20 000	20 000	20 000
保险费用		10 000	10 000	10 000	10 000	10 000
财产税		5 000	5 000	5 000	5 000	5 000
小计		77 000	77 000	77 000	77 000	77 000
制造费用合计		175 000	176 000	177 000	178 000	179 000

列表法的主要优点是：可以直接从表中查得各种业务量下的成本费用预算，不用再另行计算，因此直接、简便；缺点是：编制工作量较大，而且由于预算数不能随业务量变动而任意变动，弹性仍然不足。

二、增量预算与零基预算编制方法

1. 增量预算编制方法

增量预算是指以基期成本费用水平为基础，结合预算期业务量水平及有关降低成本的措施，通过调整有关费用项目而编制预算的方法。增量预算以过去的费用发生水平为基础，主张不需要在预算内容上做较大的调整，它的编制遵循如下假定：

第一，企业现有业务活动是合理的，不需要进行调整；

第二，企业现有各项业务的开支水平是合理的，在预算期予以保持；

第三，以现有业务活动和各项活动的开支水平，确定预算期各项活动的预算数。

【例8-4】 某企业上年的制造费用为50 000元，考虑到本年生产任务增大10%，按增量预算编制计划年度的制造费用。

计划年度制造费用预算 = 50 000 × (1 + 10%) = 55 000 （元）

增量预算编制方法的缺陷是：可能导致无效费用开支项目无法得到有效控制，因为不加以分析地保留或接受原有的成本费用项目，可能使原来不合理的费用继续开支而得不到控制，形成不必要开支合理化，造成预算上的浪费。

2. 零基预算编制方法

零基预算的全称为“以零为基础的编制计划和预算方法”，它是在编制费用预算时，不考虑以往会计期间所发生的费用项目或费用数额，而是一切以零为出发点，从实际需要逐项审议预算期内各项费用的内容及开支标准是否合理，在综合平衡的基础上编制费用预算的方法。

零基预算的程序如下：

第一，企业内部各级部门的员工，根据企业的生产经营目标，详细讨论计划期内应该发生的费用项目，并对每一费用项目编写一套方案，提出费用开支的目的以及需要开支的费用数额。

第二，划分不可避免费用项目和可避免费用项目。在编制预算时，对不可避免费用项目必须保证资金供应；对可避免费用项目，则需要逐项进行成本与效益分析，尽量控制不可避免项目纳入预算当中。

第三，划分不可延缓费用项目和可延缓费用项目。在编制预算时，应根据预算期内可供支配的资金数额在各费用之间进行分配。应优先安排不可延缓费用项目的支出。然后，再根据需要，按照费用项目的轻重缓急确定可延缓项目的开支。

零基预算的优点表现在：（1）不受现有费用项目的限制；（2）不受现行预算的束缚；（3）能够调动各方面节约费用的积极性；（4）有利于促使各基层单位精打细算，合理使用资金。

三、定期预算与滚动预算编制方法

1. 定期预算编制方法

定期预算是指在编制预算时，以不变的会计期间（如日历年度）作为预算期一种编制预算的方法。这种方法的优点是：能够使预算期间与会计期间相对应，便于将实际数与预算数进行对比，也有利于对预算执行情况进行分析和评价。但这种方法固定以1年为预算期，在执行一段时期之后，往往使管理人员只考虑剩下来几个月的业务量，缺乏长远打算，导致一些短期行为的出现。

2. 滚动预算编制方法

滚动预算又称连续预算，是指在编制预算时，将预算期与会计期间脱离开，随着预算的执行不断地补充预算，逐期向后滚动，使预算期始终保持为一个固定长度（一般为12个月）的一种预算方法。

滚动预算的基本做法是使预算期始终保持12个月，每过1个月或1个季度，立即在期末增列1个月或1个季度的预算，逐期往后滚动，因而在任何一个时期都使预算保持为12个月的时间长度，故又称连续预算或永续预算。这种预算能使企业各级管理人员对未来始终保持整整12个月时间的考虑和规划，从而保证企业的经营管理工作能够稳定而有序地进行。

按月滚动的滚动预算编制方式如图8－1所示。

滚动预算的编制还采用了长期计划、短期安排的方法进行，那就是在基期编制预算时，先按年度分季，并将其中第一季度按月划分，建立各月的明细预算数字，以便监督预算的执行；至于其他三个季度的预算可以粗略一些，只列各季总数。到第一季度结束后，再将第二季度的预算按月细分，第三、四季度以及增列的下一年度的第一季度的预算只列出各季度的总数……依此类推。采用这种方法编制的预算有利于管理人员对预算资料做经常性的分析研究，并根据当时预算的执行情况及时加以调整。

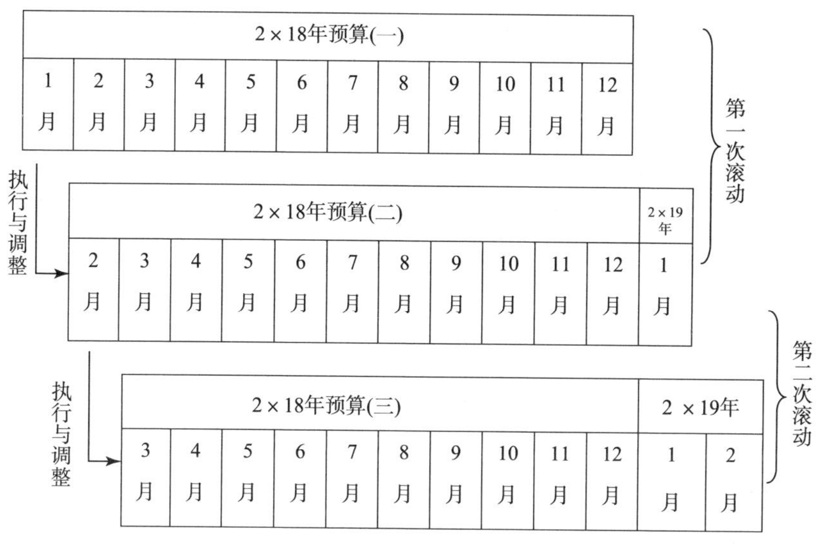

图8－1 滚动预算示意

第三节 预算的编制程序

企业编制预算，一般应按照“上下结合、分级编制、逐级汇总”的程序进行。

一、下达目标

企业董事会或经理办公会根据企业发展战略和预算期经济形势的初步预测，在决策的基础上，提出下一年度企业预算目标，包括销售或营业目标、成本费用目标、利润目标和现金流量目标，并确定预算编制的政策，由预算委员会下达各预算执行单位。

二、编制上报

各预算执行单位按照企业预算委员会下达的预算目标和政策，结合自身特点以及预测的执行条件，提出详细的本单位预算方案，上报企业财务管理部门。

三、审查平衡

企业财务管理部门对各预算执行单位上报的财务预算方案进行审查、汇总，提出综合平衡的建议。在审查、平衡过程中，预算委员会应当进行充分协调，对发现的问题提出初步调整意见，并反馈给有关预算执行单位予以修正。

四、审议批准

企业财务管理部门在有关预算执行单位修正调整的基础上，编制出企业预算方案，报财务预算委员会讨论。对于不符合企业发展战略或者预算目标的事项，企业预算委员会应当责成有关预算执行单位进一步修订、调整。在讨论、调整的基础上，企业财务管理部门正式编制企业年度预算方案，提交董事会或经理办公会审议批准。

五、下达执行

企业财务管理部门对董事会或经理办公会审议批准的年度总预算，一般在次年 3 月底以前，分解成一系列的指标体系，由预算委员会逐级下达各预算执行单位执行。

第四节　资金预算编制

资金预算是以业务预算和专门决策预算为依据编制的、专门反映预算期内预计现金收入与现金支出，以及为满足理想现金余额而进行现金投融资的预算。

资金预算由现金收入、现金支出、现金余缺、现金投放与筹措四部分构成。其中：

现金收入 − 现金支出 = 现金余缺

本节结合某公司实例来说明资金预算的编制步骤。该公司是一家家电生产企业，生产多种家电产品。该公司自 2×18 年编制全面预算，全面预算包括业务预算、财务预算和资本预算等。财务预算包括资金预算、预计利润表和预计资产负债表三部分。

下面介绍该公司编制的2×19年度资金预算，资金预算包括现金收入预算和现金支出预算两部分。

一、现金收入预算编制

由于企业现金收支活动涉及生产经营活动和投资、筹资的各个方面，因此，编制资金预算要以业务预算和资本预算为基础。

现金收入包括营业现金收入和其他现金收入，营业现金收入是现金收入的主要来源。因此，销售预算是编制资金预算的起点。

该公司的销售预算及应收账款预算编制如表8－9、表8－10所示。

表8－9　销售预算　　单位：元

季度	第一季度	第二季度	第三季度	第四季度	全年
预计销售量（件）	1 500	2 250	3 000	2 250	9 000
预计单位售价	450	450	450	450	450
销售收入	675 000	1 012 500	1 350 000	1 012 500	4 050 000

销售预算的主要内容是销售量、单位售价和销售收入。销售量是根据市场预测或销售合同并结合企业生产能力确定的；单价是通过价格决策确定的；销售收入是两者的乘积，在销售预算中得出。

销售预算通常要分品种、分月份、分销售区域、分推销员来编制，为了简化，本案例只编制了分季度销售预算。表8－9设计各季度的预计销售量分别为全年销售量的1/6，1/4，1/3，1/4。

销售预算中通常还包括应收账款预算（预计现金收入），其目的是为编制资金预算提供必要的资料。第一季度的现金收入包括两部分，即上年应收账款在本年第一季度收到的货款，以及本季度销售中可能收到货款的部分，应收账款预算如表8－10所示。

表 8－10　应收账款预算（预计现金收入）

	应收数（元）	实收数（元）				
		第一季度	第二季度	第三季度	第四季度	全年
期初数	216 000	216 000				
第一季度	675 000	270 000	405 000			675 000
第二季度	1 012 500		405 000	607 500		1 012 500
第三季度	1 350 000			540 000	810 000	1 350 000
第四季度	1 012 500				405 000	405 000
现金收入		486 000	810 000	1 147 500	1 215 000	3 658 500
应收账款期末数	607 500					

在本案例中，设计每季度销售收入中，本季度收到现金 40%，另外的 60% 现金要到下季度才能收到。应收账款期初数为 216 000 元，期末数为 607 500 元。

二、现金支出预算编制

现金支出主要包括材料采购支出、支付人工工资、支付制造费用、管理费用、财务费用和营业费用等支出。这些项目的现金支出预算主要来源于业务预算，下面分别介绍。

（一）生产预算

生产预算是在销售预算的基础上编制的，其主要内容有销售量、期初和期末存货、生产量。通常，企业的生产和销售不能做到"同步同量"，需要设置一定的存货量，以保证能在发生额外需求时按时供货，并可均衡生产，节省额外支出。存货数量通常按下期销售量的一定百分比确定，年初存货量是编制预算时设计确定的。设计企业各个季度的期末存货量按下一季度预计销售量的 10% 计算。预计生产量可用下列公式计算：

预计生产量＝预计销售量＋预计期末存货量－期初存货量

该公司的生产预算结果如表 8－11 所示。

表 8－11　生产预算　　单位：件

季度	第一季度	第二季度	第三季度	第四季度	全年
预计生产量	1 575	2 325	2 925	2 190	9 015

（二）直接材料预算

直接材料预算是以生产预算为基础编制的，同时要考虑原材料存货水平。直接材料预算主要包括预计生产量、单位产品材料耗用量、预计材料消耗量、期初和期末存货量等。预计生产量来自生产预算，单位产品材料消耗量的数据来自标准成本资料或消耗定额资料。

预计期初存货＝上季度期末存量

预计材料采购量＝(预计材料消耗量＋预计期末存货量)－预计期初存货量

预计材料消耗量＝预计生产量×材料单耗

预计采购金额＝预计材料采购量×单价（单价根据标准资料确定）

根据预计资产负债表期初数可知，年初库存材料存货量为 1 260 件，每一季度的期末存量按下一季度生产用量的 20% 安排期末存货量。设计下年度末期末存量为 1 380 件。

该公司的直接材料预算如表 8－12 所示。

表 8－12　直接材料预算

季度	第一季度	第二季度	第三季度	第四季度	全年
预计生产量（件）	1 575	2 325	2 925	2 190	9 015
单耗（千克/件）	4	4	4	4	4
材料用量（千克）	6 300	9 300	11 700	8 760	36 060
加：预计期末存货量（件）	1 860	2 340	1 752	1 380	1 380
减：预计期初存货量（件）	1 260	1 860	2 340	1 752	1 260
预计材料采购量（件）	6 900	9 780	11 112	8 388	36 180
单价（元）	30	30	30	30	30
预计采购金额（元）	207 000	293 400	333 360	251 640	1 085 400

为了以后编制资金预算，通常要预计材料采购各季度的现金支出，每个季度的现金支出包括偿还上期应付账款和本期应支付的采购货款。

本案例设计材料采购的货款有 50% 在本季度内付清，另外 50% 在下季度付清。这个百分比是根据经验数据确定的。期初应付账款可以从期初资产负债表中查得（54 000 元）。

根据材料预算编制的该公司应付账款预算如表 8－13 所示。

表 8－13　应付账款预算（预计现金支出）

	应收数	实际支付数				
		第一季度	第二季度	第三季度	第四季度	全年
期初数	54 000	54 000				54 000
第一季度	207 000	103 500	103 500			207 000
第二季度	293 400		146 700	146 700		293 400
第三季度	333 360			166 680	166 680	333 360
第四季度	251 640				125 820	125 820
现金支出合计		157 500	250 200	313 380	292 500	1 067 580
应付账款期末数	125 820					

（三）直接人工预算

直接人工预算也是以生产预算为基础编制的。直接人工预算包括的内容：预计生产量、单位产品工时、人工总工时、每小时人工成本、人工总成本。其中：预计生产量数据来自生产预算，单位产品工时、每小时人工成本来自标准成本资料。

人工总工时＝预计生产量×单位产品工时

人工总成本＝人工总工时×每小时人工成本

由于人工工资都是需要使用现金支付，所以不需要另外预计现金支出，可直接参加资金预算的汇总。本案例设计该公司直接人工小时工资率为 12 元，单位产品工时定额为 5 小时，该公司的直接人工预算如表 8－14 所示。

表 8－14　直接人工预算

季度	第一季度	第二季度	第三季度	第四季度	全年
预计生产量（件）	1 575	2 325	2 925	2 190	9 015
单位产品工时（小时）	5	5	5	5	5
人工总工时（小时）	7 875	11 625	14 625	10 950	45 075
每小时人工成本（元）	12	12	12	12	12
人工总成本（元）	94 500	139 500	175 500	131 400	540 900

（四）制造费用预算

制造费用预算通常分为变动制造费用和固定制造费用两部分。变动制造费用以生产预算为基础来编制，如果有标准成本资料，用单位产品的标准成本乘以产量；如果没有标准成本资料，需要逐项预计计划产量需要的各项制造费用。

固定制造费用，通常与本期产量无关，需要逐项进行预计。按每季度实际需要的支付额预计，然后计算出全年数。本案例设计该公司变动制造费用分配率为 12 元，全年固定制造费用为 540 000 元，除了当期提取的固定资产折旧外，制造费用均用现金支出。该公司制造费用预算如表 8－15 所示。

表 8－15　制造费用预算　　单位：元

项目	小时费用率（元/小时）	第一季度（7 875 小时）	第二季度（11 625 小时）	第三季度（14 625 小时）	第四季度（10 950 小时）	全年
变动制造费用：						
间接人工	2	15 750	23 250	29 250	21 900	90 150
间接材料	2.4	18 900	27 900	35 100	26 280	108 180
修理费	1.6	12 600	18 600	23 400	17 520	72 120
水电费	2.8	22 050	32 550	40 950	30 660	126 210
其他	3.2	25 200	37 200	46 800	35 040	144 240
小计	12	94 500	139 500	175 500	131 400	540 900

续上表

项目	小时费用率（元/小时）	第一季度（7 875小时）	第二季度（11 625小时）	第三季度（14 625小时）	第四季度（10 950小时）	全年
固定制造费用：						
修理费		24 000	24 000	24 000	24 000	96 000
折旧		33 750	33 750	33 750	33 750	135 000
管理人员工资		21 000	21 000	21 000	21 000	84 000
保险费		30 000	30 000	30 000	30 000	120 000
其他		26 250	26 250	26 250	26 250	105 000
合计		135 000	135 000	135 000	135 000	540 000
总计		229 500	274 500	310 500	266 400	1 080 900
减：折旧		33 750	33 750	33 750	33 750	135 000
现金支出的制造费用		195 750	240 750	276 750	232 650	945 900

为了便于以后编制资金预算，需要预计现金支出。制造费用中，除折旧费外都须支付现金，所以根据每个季度制造费用数额扣除折旧后，即可得出现金支出的制造费用。

（五）生产成本和销售成本预算

将直接材料预算、直接人工预算、制造费用预算进行汇总，可以编制生产成本预算；以生产成本预算为基础，加上期初产成品存货的成本，减去期末产成品存货的成本，即可以编制销售成本预算。成本预算综合反映了企业生产和销售成本状况，是财务预算的重要组成部分，也是编制预计利润表的基础。根据上述资料，编制的该公司成本预算如表 8 – 16 所示。

表 8 – 16　生产成本和销售成本预算　　单位：元

项目	第一季度	第二季度	第三季度	第四季度	全年
直接材料	189 000	279 000	351 000	262 800	1 081 800
直接人工	94 500	139 500	175 500	131 400	540 900
变动制造费用	94 500	139 500	175 500	131 400	540 900

续上表

项目	第一季度	第二季度	第三季度	第四季度	全年
生产成本合计	378 000	558 000	702 000	525 600	2 163 600
加：期初产成品存货成本	31 500	47 250	63 000	47 250	31 500
减：期末产成品存货成本	47 250	63 000	47 250	34 650	34 650
销售成本合计	362 250	542 250	717 750	538 200	2 160 450

表中“直接材料”　栏为表 8－16“材料用量”乘以单价求得，“期初产成品存货成本”是以表 8－16“期初产成品存货量”乘以单位产品成本求得。

（六）销售和管理费用预算

销售费用预算是指为了实现销售预算所需支付的费用预算。它以销售预算为基础，分析销售收入、销售利润和销售费用的关系，力求实现销售费用的最有效使用。

管理费用是搞好一般管理业务所必要的费用，多属于固定成本，一般以过去的实际开支为基础，按预算期的可预算变化来调整。

该公司销售和管理费用预算如表 8－17 所示。

表 8－17　销售和管理费用预算　　单位：元

项目	第一季度	第二季度	第三季度	第四季度	全年
预计销售量（件）	1 500	2 250	3 000	2 250	9 000
单位变动销售费用	30	30	30	30	30
变动销售费用小计	45 000	67 500	90 000	67 500	270 000
固定销售及管理费用	120 000	120 000	120 000	120 000	480 000
合计	165 000	187 500	210 000	187 500	750 000
减：折旧	25 500	25 500	25 500	25 500	102 000
现金支出	139 500	162 000	184 500	162 000	648 000

注：固定费用中包括折旧费用 102 000 元。

（七）预计其他现金支出

企业除了上述经营方面现金支出以外，还包括其他方面现金支出，如利息支出、分配股利支出、交纳所得税支出和购买固定资产支出等。该公司的预计其他现金支出表如表 8－18 所示。

表 8－18　预计其他现金支出表　　单位：元

项目	第一季度	第二季度	第三季度	第四季度	全年
应付股利	18 000	18 000	18 000	18 000	72 000
应交所得税	36 000	36 000	36 000	36 000	144 000
购买固定资产		144 000			144 000
合计	54 000	198 000	54 000	54 000	360 000

三、该公司资金预算

资金预算包括现金收入、现金支出、现金多余或不足、资金的筹集和运用。该公司编制的 2×19 年资金预算如表 8－19 所示。

表 8－19　资金预算　　单位：元

项目	第一季度	第二季度	第三季度	第四季度	全年
期初现金余额	108 000	135 000	132 075	96 260	108 000
加：销货现金收入（表 8－15）	486 000	810 000	1 147 500	1 215 000	3 658 500
可供使用的现金	594 000	945 000	1 279 575	1 311 260	3 766 500
减：各项支出：					
直接材料（表 8－16）	157 500	250 200	313 380	292 500	1 013 580
直接人工（表 8－16）	94 500	139 500	175 500	131 400	540 900
制造费用（表 8－16）	195 750	240 750	276 750	232 650	945 900
销售和管理费用（表 8－17）	139 500	162 000	184 500	162 000	648 000
所得税（表 8－18）	36 000	36 000	36 000	36 000	144 000
购置设备（表 8－18）	—	144 000	—	—	144 000
股利（表 8－18）	18 000	18 000	18 000	18 000	72 000
支出合计	641 250	990 450	100 4130	872 550	3 508 380

续上表

项目	第一季度	第二季度	第三季度	第四季度	全年
现金多余或不足	-47 250	-45 450	275 445	438 710	258 120
向银行借款	182 250	177 525	—	—	359 775
还银行借款	—	—	152 131	207 644	359 775
借款利息（年利 12%）	—	—	27 054	6 229. 32	33 283. 32
期末现金余额	135 000	132 075	96 260	224 836. 68	224 836. 68

“现金收入”包括期初现金余额和销货现金收入，销货现金收入是其主要来源。年初的“现金余额”是在编制预算时预计的，销货现金收入的数据来自销售预算。

“现金支出”包括预算期的各项现金支出，直接材料、直接人工、制造费用、销售和管理费用的数据分别来自前面的有关预算。此外，还包括所得税、购置设备、股利分配等现金支出，有关数据分别来自另行编制的专门预算。

现金多余或不足，是现金收入与现金支出的差额，差额为正，说明收大于支，现金有多余，可用于偿还借款或者用于短期投资；差额为负，支大于收，现金不足，要向银行借款。

本案例中第一季度的借款额为 182 250 元，第二季度借款额为 177 525 元，第三季度、第四季度现金多余，可用于偿还借款。借款一般按每期期初借入，每期期末归还。本案例中设计利率为 12%，还款时支付累计利息，则应计利息为：

第三季度：182 250 × 12% × 9/12 + 177 525 × 12% × 6/12 = 27 054（元）

第四季度：（182 250 - 152 131）× 12% × 3/12 + 177 525 × 12% × 3/12 = 6 229. 32（元）

资金预算的编制，以各项营业预算和资本预算为基础，它反映各预算期的收入款项和支出款项，并作对比说明。其目的在于资金不足时筹措资金，资金多余时及时处理现金余额，并且提供现金收支的控制限额，发挥现金管理的作用。

第九章　预算的执行与考核

第一节　预算的执行

一、预算执行

企业预算一经批复下达，各预算执行单位就必须认真组织实施，将预算指标层层分解，从横向到纵向落实到内部各部门、各单位、各环节和各岗位，形成全方位的预算执行责任体系。

企业应当将预算作为预期内组织、协调各项经营活动的基本依据，将年度预算细分为月份和季度预算，通过分期预算控制，确保年度预算目标的实现。企业应当强化现金流量的预算管理，按时组织预算资金的收入，严格控制预算资金的支付，调节资金收付平衡，控制支付风险。

对于预算内的资金拨付，按照授权审批程序执行。对于预算外的项目支出，应当按预算管理制度规范支付程序。对于无合同、无凭证、无手续的项目支出，不予支付。

企业应当严格执行销售、生产和成本费用预算，努力完成利润指标。在日常控制中，企业应当健全凭证记录，完善各项管理规章制度，严格执行生产经营月度计划和成本费用的定额、定率标准，加强适时监控。对预算执行中出现的异常情况，企业有关部门应及时查明原因，提出解决办法。

企业应当建立预算报告制度，要求各预算执行单位定期报告预算的执行情况。对于预算执行中发现的新情况、新问题及出现偏差较大的重大项目，企业财务管理部门以至预算委员会应当责成有关预算执行单位查找原因，提出改进经营管理的措施和建议。

企业财务管理部门应当利用财务报表监控预算的执行情况，及时向预算执行单位、企业预算委员会以至董事会或经理办公会提供财务预算的执行进度、执行差异及其对企业预算目标的影响等财务信息，促进企业完成预算目标。

月度现金收支预算经过总经理办公会讨论通过以后，交财务部门控制执行。企业各部门、各单位，凡是有现金支出的，必须按照预算规定的项目金额、时间，由财务部门划拨执行，对没有列入预算的项目，财务部门有权拒绝开支。

预算执行的一个好处就是将经理从烦琐的日常事务中解脱出来，集中精力搞管理。领导要把日常的工作制度化、规范化、程序化，预算内的现金支出，哪个部门花钱，预算部门签字，谁签字谁负责，总经理到时候检查就可以了。领导只在以下两种情况下签字即可。

1. 意外性支出

意外性支出是由于外部原因形成的意外性支出，要编制临时性预算表如表 9 - 1 所示。编制临时性预算的单位要说明支出的原因，并根据支出明细项目，逐项核算编制，报总经理批准后列入预算。

【例 9 - 1】 2002 年“SARS”发生，全国从 4 月份到 8 月份，北京的很多企业都停产了，但是工资照发，还买消毒药品发给职工，以示关怀，这钱不是正常开支，应属于意外性支出。

意外性支出通过编制临时性预算来解决。临时预算要把事由、支出的原因、支出的具体项目、支出的金额一项项写清楚，经过总经理审批后列入预算执行。

临时预算越多，对正式预算干扰越多。企业一开始做预算时，有个试行期，允许适当修改补充，通过编制临时预算来解决。所以，企业一开始临时预算比较多，这是正常现象，但是过了半年、一年，还有那么多临时预算，就不正常了，临时性预算表如表 9 - 1 所示。

表 9－1　临时性预算表

年　月　日　　　　　　　　单位：元

<table>
<tr><th>编制单位</th><th>支出项目</th><th colspan="2">支出金额</th><th colspan="2">备注</th></tr>
<tr><td></td><td></td><td colspan="2"></td><td colspan="2"></td></tr>
<tr><td>申请原因</td><td colspan="5"></td></tr>
<tr><td rowspan="2">支出明细</td><td>明细项目</td><td>数量</td><td>单价</td><td>支出金额</td><td>支出时间</td></tr>
<tr><td></td><td></td><td></td><td></td><td></td></tr>
<tr><td>审批意见</td><td>主管经理</td><td></td><td>总经理</td><td colspan="2"></td></tr>
</table>

2. 资本性支出

资本性支出是购置固定资产、无形资产等长期资产的支出。资本性支出在编制预算时要进行可行性研究，在预算执行时，总经理还要检查签字。

资本性支出一般要通过预算，一个是投资决策预算，另一个是项目决策预算。企业小部门的技术改造，如买一个设备，购置一个固定资产，不需要那么复杂，但是要做论证，认为可行再列入预算，在预算执行过程中，总经理还要签一次字，以示对固定资产投资的重视。由于固定资产投资额大，回收期长，一旦投入将长期影响企业经济效益，需要经过总经理签字批准。

总经理在两种情况下签字，实际上体现高层管理者管理的两个原则：一个是例外原则，另一个是重点原则。高层管理者管理例外事件，制度有的、流程有的、预算有的通常按照制度、流程走，制度没有的、流程没有的、预算没有的意外性支出，领导要签字确认。重点原则就是领导关注重点事项，总经理签字体现了重点性原则。企业在搞预算管理时，一开始的时候是数额上的限额，比如可以规定 1 万元以下的，部门经理签字，1 万元 ~5 万元的副总经理签字，5 万元以上的总经理签字，10 万元以上的董事长签字。将来随着预算推行，范围可以逐渐放开，数额可以放大。

为了使预算有效执行企业的管理者还要学会授权：第一个授权是预算内的开支，授权各部门负责人，各部门经理；第二个授权是财务部门授权，没有列入预算的项目，拒绝支付权。

二、预算的调整

企业正式下达执行的预算，一般不予调整。预算执行单位在执行中由于市场环境、经营条件、政策法规等发生重大变化，致使预算的编制基础不成立，或者将导致预算执行结果产生重大偏差的，可以调整预算。

企业应当建立内部弹性预算机制，对于不影响预算目标的业务预算、资本预算、筹资预算之间的调整，企业可以按照内部授权批准制度执行，鼓励预算执行单位及时采取有效的经营管理对策，保证预算目标的实现。

企业调整预算，应当由预算执行单位逐级向企业预算委员会提出书面报告，阐述预算执行的具体情况、客观因素变化情况及其对预算执行造成的影响程度，提出预算指标的调整幅度。

企业财务管理部门应当对预算执行单位的预算调整报告进行审核分析，集中编制企业年度预算调整方案，提交预算委员会以至企业董事会或经理办公会审议批准，然后下达执行。

对于预算执行单位提出的预算调整事项，企业进行决策时，一般应当遵循以下要求：

（1）预算调整事项不能偏离企业发展战略；

（2）预算调整方案应当在经济上能够实现最优化；

（3）预算调整重点应当放在预算执行中出现的重要的、非正常的、不符合常规的关键性差异方面。

第二节 预算的分析与考核

企业应当建立预算分析制度，由预算委员会定期召开预算执行分析会议，全面掌握预算的执行情况，研究、解决预算执行中存在的问题，纠正预算的执行偏差。

开展预算执行分析，企业管理部门及各预算执行单位应当充分收集有关财务、业务、政策、法律、市场、技术等方面的信息资料，根据不同情况分别采用比率分析、比较分析、因素分析、平衡分析等方法，从定量与定性两个层面充分反映预算执行单位的现状、发展趋势及其存在的潜力。

针对预算的执行偏差，企业财务管理部门及各预算执行单位应当充分、客观地分析产生的原因，提出相应的解决措施或建议，提交董事会或经理办公会研究决定。

企业预算委员会应当定期组织预算审计，纠正预算执行中存在的问题，充分发挥内部审计的监督作用，维护预算管理的严肃性。

预算审计可以采用全面审计或者抽样审计。在特殊情况下，企业也可组织不定期的专项审计。审计工作结束后，企业内部审计机构应当形成审计报告，直接提交预算委员会以至董事会或经理办公会，作为预算调整、改进内部经营管理和财务考核的一项重要参考。

预算年度终了，预算委员会应当向董事会或者经理办公会报告预算执行情况，并依据预算完成情况和预算审计情况对预算执行单位进行考核。

企业内部预算执行单位上报的预算执行报告，应经本部门、本单位负责人按照内部议事规范审议通过，作为企业进行财务考核的基本依据。企业预算按调整后的预算执行，预算完成情况以企业年度财务会计报告为准。

企业预算执行考核是企业绩效评价的主要内容，应当结合年度内部经济责任制进行考核，与预算执行单位负责人的奖惩挂钩，并作为企业内部人力资源管理的参考。

附录　资金预算作业准则

一、总则

第一条　目的及依据

为提高各公司经营绩效，配合财务部门统筹及灵活运用资金，充分发挥经济效用，各公司除应按年编制年度资金预算外，并应逐月编列资金预计表，以期达成资金运用之最高效益，特依“关系企业资金调度控制办法”第一至四条规定，订定本准则。

第二条　资金范围

本准则所称资金，系指库存现金，银行存款及随时可变现之有价证券而言。为期编表计算及收支运用方便起见，预计资金仅指现金及银行存款，至随时可变现之有价证券则归属于资金调度之列。

第三条　作业期间

（一）资金提供部门，除应于年度经营计划书编订时，提送年度资金预算外，应于每月24日前逐月预计次三个月份资金收支资料送会计部门，以利汇编。

（二）各公司会计部门应于每月28日前编妥次三个月份资金来源运用预计表（附表1）按月配合修订。并于次月15日前编妥上月份实际与预计比较编制资金来源运用比较表（附表2）各一式四份，呈总经理（经理）核阅后，一份自存，一份留存总经理室（经理室），一份送财务部，一份送总管理处总经理室。

二、收入

第四条　内外销收入

营业部门依据各种销售条件及收款期限，预计可收（兑）现数编列(附表3)。

第五条　劳务收入

营业部门收受同业产品代为加工，依公司收款条件及合约规定预计可收（兑）现数编列(附表3)。

第六条　退税收入

(一) 退税部门依据申请退税进度，预计可退现数编列(附表3)。

(二) 预计核退营业税虽非实际退现，以其能抵缴现金支出，得视同退现。

第七条　其他收入

凡无法直接归属于上项收入者皆属之，包括财务收入、增资收现、下脚收入等。其数额在30万元以上者，均应加说明。

三、支出

第八条　资本支出

(一) 支出：依土地管理小组或特定经办部门依据购地支付计划提供之支付预算数编列。

(二) 房屋：营建部门依据兴建工程进度，预计所需支付资金编列。

(三) 设备分期付款、分期缴纳关税等：会计部门依据分期付款偿付日期予以编列。

(四) 机械设备、什项设备、预付工程定金等：工务部门依据工程合约及进度，预定支付预算及资材部门依据外购L/C开立计划，预计支付资金编列(附表4)。

第九条　材料支出

资材部门依请购、采购、结汇作业，分别预计内外购原物料支付资金编列(附表5)。

第十条　薪工

会计部门依据产销计划等资料及最近实际发生数，斟酌预计支付数编列。

第十一条 经常费用

（一）托工工厂：托工经办部门应参照拖工厂商别约定付款条件等资料，斟酌预计支付数编列。

（二）制造费用：会计部门依据生产计划，参考制度费用有关资料及最近实际发生数，并斟酌预计支付数编列。

（三）推销费用：营业部门依据营业计划，参照以往月份推销费用占营业额之比例推算编列。

（四）管理费用：会计部门参照以往实际数及管理部门工作计划编列。

（五）财务费用：会计部门依据财务部门资金调度情形，核算利息支付编列。

第十二条 其他支出

凡不属于上列各项之支出皆属之，包括偿还长期（分期）款、股息、红利等之支付。其数额在 30 万元以上，均应加说明。

四、异常说明

第十三条 异常说明

各公司应按月编制资金来源运用比较表，以了解资金实际运用情形，其中实际数与预计比较每项差异在 10% 以上者，应由资料提供部门填列资金差异报告表（附表 6）列明差异原因，于每月十日前送会计部门汇编。

五、资金调度

第十四条 资金调度

（一）各公司营运资金由公司（事业部）最高主管负责筹划，并由总管理处财务部门协助筹措调度。

（二）各公司资材部门应按月根据国内外购料借款数额编列“购料借款月报表”（附表 7）于当月 24 日由各公司总经理室分送财务部及总管理处总经理室汇总呈核。

（三）财务部应于次月五日前按月将有关银行贷款额度，可动用资金，定期存款余额等资料编列能源企业国内银行短期借款明细表（附表 8）呈总管理处总经理核阅，以为经营决策之参考。

六、附则

第十五条　本准则经总管理处总经理核准后实施，修改时亦同。

附表1　资金来源运用预计表

编制单位（部门）：　　　　　　　年　月　日　　　　　　　　单位：千元

项目		月		月		月		项目		月		月		月		说明事项
		金额	%	金额	%	金额	%			金额	%	金额	%	金额	%	
收入	现销收入							支出	土地及房屋							
									机械设备							
									什项设备							
	劳务收入								材料支出							
									预付定金							
	退税收入								外协加工							
									借款偿还							
	票据兑现								薪资							
									制造费用							
	财务收入								销售费用							
									管理费用							
	营业外收入								财务费用							
									其他支出							
	其他收入															
合计									合计							
								资金剩余或短缺								

经理：　　　　　　科长：　　　　　　制表：

一式四联：1. 自存　2. 总经理室　3. 财务部　4. 总管理处总经理室。

附表 2　资金来源运用比较表

编制单位（部门）：　　　　　　年　月　日　　　　　　单位：千元

项目		实际数		预计数		比较增减		资金调度						
		金额	%	金额	%	金额	%	调度对象		期初金额	本期收入	本期支出	期末金额	增减
期初现金结存								往来	往来（借入）					
收入	外销收入								往来（借出）					
	内销收入													
	现销								小计					
	票据兑现							借入款项	外销贷款					
	加工收入								贴现借款					
	退税收入								信用借款					
	其他收入计								抵押借款					
	合计								私人借款					
支出	资本支出								银行透支					
	土地及房屋								员工存款					
	设备分期付款													
	机械设备								小计					
	材料支出							合计						
	原料内购							说明事项						
	物料内购													
	物料外购													
	生产经费													
	薪资													
	制造费用													
	经常费用													
	推销费用													
	管理费用													
	财务费用													
	其他支出													
	分期付款													
	合计													
期末现金结存														
资金剩余（短缺）														

经理：　　　　科长：　　　　制表：

一式四联：1. 自存　2. 总经理室　3. 财务部　4. 总管理处总经理室。

附表3　收入项目预算表

资料提供部门：　　　　　　　　年　月　日　　　　　　　　单位：千元

<table>
<tr><th rowspan="2">项目</th><th colspan="3">金额</th><th rowspan="2">备注</th></tr>
<tr><th>月份</th><th>月份</th><th>月份</th></tr>
<tr><td>外销收入</td><td></td><td></td><td></td><td rowspan="20">1. 表列数字系指当月可转账或收现部分。
2. 本表有资料提供部门分别就有关项目列表，于每月24日前送会计部门。
3. 营业部门预计三次三个月份营业额
____月份________千元
____月份________千元
____月份________千元</td></tr>
<tr><td>D/A</td><td></td><td></td><td></td></tr>
<tr><td>L/A</td><td></td><td></td><td></td></tr>
<tr><td></td><td></td><td></td><td></td></tr>
<tr><td></td><td></td><td></td><td></td></tr>
<tr><td></td><td></td><td></td><td></td></tr>
<tr><td>内销收入</td><td></td><td></td><td></td></tr>
<tr><td>现销</td><td></td><td></td><td></td></tr>
<tr><td>票据兑现</td><td></td><td></td><td></td></tr>
<tr><td></td><td></td><td></td><td></td></tr>
<tr><td></td><td></td><td></td><td></td></tr>
<tr><td></td><td></td><td></td><td></td></tr>
<tr><td>劳务收入</td><td></td><td></td><td></td></tr>
<tr><td></td><td></td><td></td><td></td></tr>
<tr><td>退税收入</td><td></td><td></td><td></td></tr>
<tr><td></td><td></td><td></td><td></td></tr>
<tr><td>其他收入</td><td></td><td></td><td></td></tr>
<tr><td>财务收入</td><td></td><td></td><td></td></tr>
<tr><td>其他</td><td></td><td></td><td></td></tr>
<tr><td>合计</td><td></td><td></td><td></td></tr>
</table>

经理：　　　　　科长：　　　　　制表：

一式二联：1. 自存　2. 会计部门

附表 4　支出项目预算表

资料提供部门：　　　　　　　　　　年　月　日

项目	金额										备注
	月份					月份					
	土地及房屋	机械设备		专项设备	票付工程定金	土地及房屋	机械设备		专项设备	票付工程定金	
		内购	外购				内购	外购			
											1. 本表有资料提供部门分别就有关项目列表，于每月 24 日前送会计部门。 2. 表列数据系指当月付现数

经理：　　　　　科长：　　　　　制表：

一式二联：1. 自存　2. 会计部门

附表5　内外购原物料预计表

资料提供部门：　　　　　　　年　月　日　　　　　　　　单位：千元

项目	金额			备注
	月份	月份	月份	
原料内购				1. 表列数据系指当月付现数。 2. 本表有资料提供部门于每月24日前填送会计部
原料				
配料				
货物税				
物料内购				
原料外购				
D/A				
L/C				
关税				
各项费用				
合计				

科长：　　　　　制表：

一式二联：1. 自存　2. 会计部门

附表 6　资金差异报告表

资料提供部门：　　　　　　　　年　月　日　　　　　　　　单位：千元

<table>
<tr><th rowspan="2">项目</th><th colspan="2">实际数</th><th colspan="2">预计数</th><th colspan="2">比较增减</th><th rowspan="2">差异原因说明</th><th rowspan="2">备注</th></tr>
<tr><th>金额</th><th>%</th><th>金额</th><th>%</th><th>金额</th><th>%</th></tr>
<tr><td></td><td></td><td></td><td></td><td></td><td></td><td></td><td></td><td rowspan="10">适用范围：供资金预计数与实际数差异分析说明用。
填表说明：
1. 凡实际与预计数比较每项差异在百分之十以上者均由资料提供部门列明差异原因，于每月 10 日前送会计。
2. 本表由会计科填列实际数及预算数比较增减后送各资料提供部门。</td></tr>
<tr><td></td><td></td><td></td><td></td><td></td><td></td><td></td><td></td></tr>
<tr><td></td><td></td><td></td><td></td><td></td><td></td><td></td><td></td></tr>
<tr><td></td><td></td><td></td><td></td><td></td><td></td><td></td><td></td></tr>
<tr><td></td><td></td><td></td><td></td><td></td><td></td><td></td><td></td></tr>
<tr><td></td><td></td><td></td><td></td><td></td><td></td><td></td><td></td></tr>
<tr><td></td><td></td><td></td><td></td><td></td><td></td><td></td><td></td></tr>
<tr><td></td><td></td><td></td><td></td><td></td><td></td><td></td><td></td></tr>
<tr><td></td><td></td><td></td><td></td><td></td><td></td><td></td><td></td></tr>
<tr><td></td><td></td><td></td><td></td><td></td><td></td><td></td><td></td></tr>
</table>

资料提供部门经理：　　　　　科长：　　　　　经办：

会计部门经理：　　　　　　　科长：　　　　　制表：

一式二联：1. 会计部门　2. 资料提供部门

附表 7　公司购料借款月报表

贷款额度：

贷款银行：　　　　　　　　　　年　月　日　　　　　　　　　　第　页

供应商	请购单号码	品名	起讫日期		利率（年息）	每月摊还金额						
			年月日	年月日		月	月	月	月	月	月	月
						本金						
						利息						
						本金						
						利息						
						本金						
						利息						
						本金						
						利息						
						本金						
						利息						
						本金						
						利息						
						本金						
						利息						
						本金						
						利息						
						本金						
						利息						
						本金						
						利息						
						本金						
						利息						
						本金						
						利息						

经理：　　　　　　科长：　　　　　　制表：

填表说明：

（1）本表适用国内外购料借款（包括 Usance 及 D/A）

（2）按借款单位别小计并将公司结总合计。

（3）为配合资金预计于每月 24 日前填报。

（4）本表由资材单位填报，一式四份，自存一份，自存一份，会计一份，一份送财务部，一份送总经理

附表8　银行短期借款明细表

编制单位（部门）：　　　　截止日期：　年　月　日　　　　单位：千元

序号	贷款银行	贷款种类	贷款额度	利息年率	期限	已动用额度	尚可动用额度	备注

经理：　　　　科长：　　　　制表：

读者意见反馈表

亲爱的读者：

感谢您对中国铁道出版社的支持，您的建议是我们不断改进工作的信息来源，您的需求是我们不断开拓创新的基础。为了更好地服务读者，出版更多的精品图书，希望您能在百忙之中抽出时间填写这份意见反馈表发给我们。随书纸制表格请在填好后剪下寄到：北京市西城区右安门西街8号中国铁道出版社有限公司 大众出版中心 王佩 收（邮编：100054）。或者采用传真（010-63549458）方式发送。此外，读者也可以直接通过电子邮件把意见反馈给我们，E-mail地址是：1958793918@qq.com。我们将选出意见中肯的热心读者，赠送本社的其他图书作为奖励。同时，我们将充分考虑您的意见和建议，并尽可能地给您满意的答复。谢谢！

所购书名：________________

个人资料：

姓名：________ 性别：________ 年龄：________ 文化程度：________

职业：________ 电话：________ E-mail：________

通信地址：________________ 邮编：________

您是如何得知本书的：

□书店宣传 □网络宣传 □展会促销 □出版社图书目录 □老师指定 □杂志、报纸等的介绍 □别人推荐

□其他（请指明）________________

您从何处得到本书的：

□书店 □邮购 □商场、超市等卖场 □图书销售的网站 □培训学校 □其他

影响您购买本书的因素（可多选）：

□内容实用 □价格合理 □装帧设计精美 □优惠促销 □书评广告 □出版社知名度

□作者名气 □工作、生活和学习的需要 □其他

您对本书封面设计的满意程度：

□很满意 □比较满意 □一般 □不满意 □改进建议

您对本书的总体满意程度：

从文字的角度 □很满意 □比较满意 □一般 □不满意

从技术的角度 □很满意 □比较满意 □一般 □不满意

您希望书中图的比例是多少：

□少量的图片辅以大量的文字 □图文比例相当 □大量的图片辅以少量的文字

您希望本书的定价是多少：

本书最令您满意的是：

1.

2.

您在使用本书时遇到哪些困难：

1.

2.

您希望本书在哪些方面进行改进：

1.

2.

您需要购买哪些方面的图书？对我社现有图书有什么好的建议？

您更喜欢阅读哪些类型和层次的经管类书籍（可多选）？

□入门类 □精通类 □综合类 □问答类 □图解类 □查询手册类

您在学习计算机的过程中有什么困难？

您的其他要求：